大学のハラスメント相談室

ハラスメントと
向き合う
すべての人へ

まえがき　アカデミック・ハラスメントの予防・相談・調整
―ハラスメント相談室を利活用するために―

ハラスメントへの対応は難しいとよく言われます。その通りです。学内で「ハラスメントを許しません」というポスターを掲示し、毎年のようにハラスメント防止のための研修を行ってもハラスメントがなくなることはありません。これはわたしたちの心がけが悪いせいでしょうか。

ハラスメント被害者が泣き寝入りすることのないようにと、被害を受けたという相談者に寄り添った対応をしたつもりなのにかえって問題をこじらせてしまったり、当事者から批判を受けたりしたようなことはありませんか。

あるいは、熱心に指導したつもりの部下や学生、同僚からハラスメントを受けたということでの事情確認の電話やメールを相談員から受けて頭にカァーッと血が上ったり、どうしようと不安に襲われたりしたようなことはないでしょうか。

私たちは日頃「ハラスメント」という言葉を啓発パンフレットや研修、ニュースなどで耳にしていても、実際に自分が問題の渦中に巻き込まれない限り、身を以て知ることはありません。二〇年、三〇年と大学に勤務している教職員であっても、大学がハラスメントにどのように組織的に対応しているのかを知らない方がほとんどです。

自分が経験した教育・研究、職務上の困りごとをハラスメントではないかと思ったとしても、躊躇なくハラスメント相談室に連絡できる人は少ないでしょう。加害者相当とみなされたことで学内の誰にも相談できずに弁護士をたてて弁護してもらうしかないと考える人もいますが、ハラスメント相談室で別の相談員にアドバイスを求めることができます。管理責任者として研究室や部署のハラスメント事案に対応しなければならなくなったときに、どういう段取りで関与すればよいか、相談室でアドバイスを受けることもできます。

ハラスメント相談室の役割は、①ハラスメントがよくわからないという人向けの情報発信や啓発活動、②ハラスメントを受けたかもしれないと思った方への相談行為、③問題改善のために加害者とされる人や部局・部署とのアウトリーチ的な調整行為を行うことです。

本書は、次のような困りごとを抱えている方向けに書かれています。

①ハラスメントの被害者、加害者相当とされた方、及び管理者としてハラスメント相談室で何ができるかを知った上で利用したいという方

②高等教育機関の管理責任者としてこれからハラスメント相談室設置を検討したい方
③大学の教職員、学生・院生で当事者ではないのだけれども、大学におけるハラスメントの実態や要因、対応の施策を知りたい方

あらかじめ本書の構成を述べておきます。第一章では北海道大学ハラスメント相談室室長の櫻井義秀（相談室長、教授、社会学）が、アカデミック・ハラスメントの定義や判断基準、及びハラスメントをどのように認識し対応したら良いのかという概説を行い、第二章において佐藤直弘（専門相談員、公認心理師）が国内外の実態調査を踏まえた先行研究をレビューしながら、ハラスメントの類型と態様を見ていきます。そして、第三章で木村純一（専門相談員、公認心理師）がハラスメント相談室の実際の機能について模擬事例を示しながら、相談と調整の一般的なやり方と留意点を説明します。第四章では、上田絵理（専門相談員、弁護士）がハラスメント事案の裁判例をもとにセクシャル・ハラスメント、アカデミック・ハラスメントがどのように認定され、教職員に対する懲戒の量定がきまるのかといったことについて解説します。最後の第五章は、櫻井が北海道大学におけるハラスメント対応の略史と、相談室を立ち上げ現在に至るまで頭を悩ませた事柄などを大学職員の目線で叙述していきます。付録として柿﨑真実子（専門相談員、公認心理師）が、ハラスメント対応の参考書を紹介しています。

北海道大学では、一般の教職員のみならず、理事や総長にハラスメントがあったときをも想定した対応の要領が定めてあります。誰もが、ハラスメントの被害者・加害者・関係者になり得ます。「ハラスメントに聖域なし」は、偽らざるところです。

大学からハラスメントがなくなることはありえません。一つに、ハラスメントの構造的な要因として権力や優越的地位の恣意的利用があり、大学も巨大な教育組織として高いレベルの教育・研究をめざして競争的な環境にある以上、常に構造的に強い負荷がかかっています。もう一つは、人間関係に誤解はつきものだし、教員―学生、職員間で役割期待の齟齬が人間葛藤を生み出す以上、その調整が個人や相談機関によってなされなければハラスメントとしてクレームがあがるのは当然なのです。むしろ、ハラスメントの相談件数は、権利の回復を求める組織上の健全さと考えられなくもありません。そうした声をしっかり聴き取っていくことがハラスメント相談室の役割であるし、大学関係者の方々には相談室をしっかり活用していただきたいと考えております。

本書が大学のハラスメントに関心を寄せる多くの方にとって利活用できることを期待しています。

櫻井義秀

目次

第一章　ハラスメントの類型と予防・対策

1　ハラスメント対応の基本

ハラスメント対応への素朴な疑問

私は北海道大学のハラスメント相談に責任（ハラスメント相談員会議議長のときに相談室を立ち上げ、その後相談室長を六年）を持つようになって七年目になる社会学の教員です。北大勤務は三〇年を超しました。学部・大学院で前後期とも五コマ平均の授業を持ち、例年一〇名前後の大学院生を指導もしています。

ご苦労様とねぎらってもらえることもありますが、よくやりますねと感心されることもあります。多少ともハラスメント事案に関わったことがある人は、私の業務を慮って可哀想がったり、なかば呆れたり、泰然と遂行するさまに不思議さを覚えるかもしれません。カウンセラーでもないのになぜこの仕事をやっているのか。そう思われる人も少なくないでしょう。こうした疑問にお答えするには、北海道大学においてハラスメント対応の体制をどのように作り上げてきたのかという経緯を一通り話さなくてはいけません。それは五章で行うつもりです。

しかし、その前に「ハラスメント対応」という大学の業務に対してしばしば投げかけられる批判にお答えしておきましょう。読者の中にもそうした疑念を懐いたり、問いかけられたりした人がいるのではないでしょうか。

批判その一　「ハラスメント相談は必ずしも被害者に寄り添った対応になっていない。」
　この種のお叱りを相談者から受けることがあります。

批判その二　「ハラスメントなんて言ったもの勝ちでしょう。」
　加害者と目された人やそういう人から話を聞いた人がこのように考えることも少なくありません。

批判その三　「ハラスメントには一般の教職員が関わると混乱するので相談室に任せるべきだ。」
　このように考えて相談室に事案の解決を任せたところ、問題を引き取ってくれるどころか、関係者に問題への対応が投げ返された。当てが外れた、頼りにならないと落胆する方もおられます。

　では、順に北海道大学のハラスメント防止体制や事例に則してお答えしていきましょう。

①ハラスメント相談の調整機能（批判その一とその二への回答）

相談室が担当するのは、「ハラスメントを受けた」という被害の申立てを受け付け、相談者と一緒に状況の改善をはかることです。そのために、被害者側と加害者側に「事実確認」のための聴き取りを行います。対象者が申立て内容を承認して状況改善が行われれば、対応は完了します。このことを「調整行為」といいます。

相談者の中には、対象者に厳格な処分を求める人が少なからずおられますが、相談室には懲戒などの人事上の権限がそもそもありません。しかも、この点が重要なのですが、相談室は申立て内容を「ハラスメント」と認定しているわけではないのです。

北海道大学の場合、そうした認定をなすために、ハラスメント相談室の上位機関であるハラスメント対策室が弁護士を含む調査委員会を設置し、事実調査をなした上でハラスメント対策としての認定を含む報告書を作成します。これを総長に申達して総長の判断の下で必要があれば懲戒委員会が設置されて処分とその量定の原案を作成します。次に、評議会で原案が審議され、異議申立てを受け付けた上で数回の審議の後に処分が決定されるのです。対策室の案件となってから処分まで早くとも半年、長ければ一年近くかかるプロセスです。

要するに、慎重な調査と審議を経なければ、ハラスメントの申立てがハラスメントという「認定された事実」にはならないのです。しかも、「言ったもん勝ち」でもありません。相談者、加害者と目された人、及び関係者から十分な証言を得て事実確認をした上で判断されます。おそらく、この判断内容が、相談者、加害者とされた人双方にとってそれぞれに納得いかないことが多いために不満が生じます。相談者が考えるほど「ハラスメント」は自明のものではないのです。

そして、「ハラスメント」とされた事案についての「調整機能」が基本的には働きかけに留まり、強制力を持った命令になりえないことも理解してもらう必要があります。効果的な問題解決のアクターは相談室ではなくて、事案が発生したところの関係者や組織の長なのです。

②組織上の対応は組織の長の権限・義務(批判その三への回答)

相談室の調整行為では、第一に関係者への働きかけで当面の事態改善をはかります。その際、学生に対する教務的な配慮や職員の処遇改善などを教務・学生関係の委員長や直属の上司など関係者に助言します。申し立て内容によっては、第二に学部長・大学院長、事務長などに問題の解決を依頼します。なぜなら、相談室の担当者は申立てが行われた事案と問題発生の脈絡に通じているわけではないので、なぜ、どのようにして問題が生じたのか、どのようにすれば解決するのかについて一般的なアドバイスを行うことができても、当該組織にふさわしい問題解決の道筋を的確に判断し、実行力をもって関係者に働きかけることができないからです。直接的な働きかけは関係者と所属長のみが行えることです。

このことは原則論として了解されているはずなのですが、現実には組織上の権限者に実質的で効果的な対応(一種の内部統制)をとってもらえないこともあります。むしろ、対応するためにこれはハラスメントであると認定してほしいと依頼されることもあります。前記①の説明を繰り返しませんが、それは相談業務ではないのです。ここで相談室は役に立たないと言われたりもするのですが、組織上の業務改善に向けた施策と実行は組織構成員と組織の長の役割です。相談室に対しては、相談機能を活用すべきであって実行力の行使の根拠や正当性を求めるべきではないのです。組織の長たるもの、業務の適切な遂行の基準は自身の見識として持っておられるはずです。

もっとも、ことはそう簡単でもありません。大学の管理職は、理事や事務部門を除けば、企業や自治体の管理職と異なり昇進でもあがり職でもありません。任命された期間のみ管理者になるのであり、任期が終われば教員組織の同僚に戻ります。そうすると同僚たる先輩や当該領域においてひとかどの学者として認められるような人物に対して苦言を呈したり、命令したりしにくいということが生じます。この感覚は、研究室、学科や部門、学部や研究院単位で共有されており、ハラスメントの調整に関しては同僚や組織を守る方向に力学が働きがちになります。しっかりと対応してもらうためには、あらためてハラスメントとは何かをしっかり理解してもらう必要があります。

ハラスメントとは何か

英語でハラスメント(harassment)は嫌がらせ、迷惑行為の意味です。セクハラはセクシャル・ハラスメント(sexual harassment)ですが、パワハラ(power harassment)やモラハラ(moral harassment)、マタハラ(maternity harassment)という言葉は和製英語であり、それぞれ職場のいじめ

（workplace harassment）、妊娠を理由とする差別（pregnancy discrimination）と言った方が英語として通じます。アカハラはアカデミック・ハラスメント（academic harassment）の略語で一九八〇年代から海外で使用例もありますが、日本の大学で使われる例が多いようです。日本では、大学などの研究教育機関において「大学の構成員が、教育・研究上の権力を濫用し、他の構成員に対して不適切で不当な言動を行うことにより、その者に、修学・教育・研究ないし職務遂行上の不利益を与え、あるいはその修学・教育・研究ないし職務遂行に差し支えるような精神的・身体的損害を与えることを内容とする人格権侵害」（東京大学アカデミックハラスメント防止宣言）という認識が一般的です。

このようにハラスメントに関わる言葉や概念があるからといって、仕事の進め方や労使関係のあり方、ワーク・ライフバランスへの感覚など国ごとに差異があるので職場におけるハラスメントの内容は世界各国において一様ではありません。同じようにアカデミック・ハラスメントといっても、日本の大学・大学院、研究所などにおける学生・大学院生と教員との関係、研究者同士の人間関係が欧米やアジアの諸国と同じではないので、英語でアカデミック・ハラスメントといっても話す方と聞く方のイメージがかなり違ってしまう可能性があります。

私はタイと香港の大学でそれぞれ教えた経験があり、国際学会などで欧米の研究者とも交流してきました。海外の大学では、概して学生と教職員の間には距離があり、仕事の時間とプライベートの時間を厳密に分けることに加えて人々の権利意識も強いために、日本で頻繁に見受けられる宴席でのセクハラやサービス業務の強要といったアカデミック・ハラスメントはおきにくいように思われます。逆に、縁故主義や仲間意識が強い東アジア諸国では、グループ外の人間に対するいじめや外しが見受けられますが、そのこと自体をハラスメントとして問題化する意識は弱いようです。

現在、それぞれの国の大学文化で育った学生や研究者が日本の大学に籍を置くダイバーシティの時代になりました。留学生や外国人研究者がこれはハラスメントではないかと申立てることの半数には、日本の大学文化が関わっていることに注意が必要です。

ハラスメントは人権の侵害

世界各国でハラスメント概念の核心に人権侵害をおくことは共通しています。日本国憲法の第三章にある国民の権利と義務を見ましょう。


「第十一条　国民は、すべての基本的人権の享有を妨げられない。この憲法が国民に保障する基本的人権は、侵すことのできない永久の権利として、現在及び将来の国民に与へられる。」

「第十三条　すべて国民は、個人として尊重される。（略）」

「第十四条　すべて国民は、法の下に平等であつて、人種、信条、性別、社会的身分又は門地により、政治的、経済的又は社会的関係において、差別されない。（略）」

日本では憲法に規定された人権を労働の現場で守るための法律がハラスメント防止として規定されています。具体的には、性的ハラスメントと職場でのハラスメントについてのみ、そのような言動がなされ不利益を被る人がいないように就業状況の改善の義務が事業主に法律で課されています。

「男女雇用機会均等法　第十一条　事業主は、職場において行われる性的な言動に対するその雇用する労働者の対応により当該労働者がその労働条件につき不利益を受け、又は当該性的な言動により当該労働者の就業環境が害されることのないよう、当該労働者からの相談に応じ、適切に対処するために必要な体制の整備その他の雇用管理上必要な措置を講じなければならない。」（平成一一年改正施行）（傍線は引用者）

「労働施策総合推進法　第三十条の二　事業主は、職場において行われる優越的な関係を背景とした言動であつて、業務上必要かつ相当な範囲を超えたものによりその雇用する労働者の就業環境が害されることのないよう、当該労働者からの相談に応じ、適切に対応するために必要な体制の整備その他の雇用管理上必要な措置を講じなければならない。」（令和二年改正施行）（傍線は引用者）

ハラスメントの定義と防止の義務

ここで性的ハラスメントと職場でのハラスメントに対する基準について要点をまとめます。

①セクシャル・ハラスメント

セクシャル・ハラスメントを「相手の意に反して不快にさせた性的嫌がらせ」と定義すると、実際に「同意」があったのかなかったのか、その時点で「不快」にさせたのかどうかということが事実調査や裁判では問題にされます。私はこの部分が基本的に不要ではないかと考えております。性的な言動そのものが、恋人や夫婦関係など親密な関係以外でなされた場合、甚だしい無礼というものです。いや、デートＤＶや夫婦間でも性暴力が問題視されているのですから、公共の場で他者の羞恥心を害する言動がなされたとみなされる場合、それはすべてセクシャル・ハラスメントと認定できると考えます。

さらに、相手の身体に正当な理由なくして接触（撮影）する行為は広義の性暴力であり、わいせつ行為や性行為などは刑事事件相当ですので、相談対応者は相談者に同行して警察に出向く必要があります。

セクシャル・ハラスメントについては、被害者・加害者の認識上の相違は問題にならず、性的言動自体が確認されれば、被害の申立てをセクシャル・ハラスメントとして事実調査を調査委員会で行い、加害者に懲戒などの処分まで行い、再発防止の対応を組織的にとることが大学の理事会・評議会に求められます。

②職場でのハラスメント

労働施策総合推進法に記載された「職務上の優越的関係に基づいて」なされる職場でのハラスメントでは、上司─部下、もしくは先輩─後輩の関係が多く、確認しやすいのですが、「業務上必要かつ相当な範囲を超えた」言動に関しては、当該職場の組織構造や業務内容を正確に把握しないことには、何が必要かつ相当な範囲なのかを見極めることが難しいものです。ですから、セクシャル・ハラスメントとは異なり、被害者・加害者の認識上の相違それ自体を検討する必要も出てきます。アカデミック・ハラスメントも職場でのハラスメントに準じたハラスメント理解でよろしいかと思われます。すなわち、「教育・研究上必要かつ相当な範囲を超えた」言動が問題になるということです。

具体的な「業務上必要かつ相当な範囲を超えた」言動とはどのようなものであるかは、後の節で説明されます。あらかじめもう一つ重要なポイントを付け加えれば、相談者が、クリニックの受診や自殺の企図など相当程度の精神的危害を受けたかどうかも含めて「業務上必要かつ相当な範囲を超えた」言動の中身と逸脱の度合いが問われることになります。

さて、個人にとっても職場や大学組織にとっても深刻な結果をもたらす可能性があるハラスメントですが、読者の皆さんのなかには法律で規制し、違反者には罰を与えるべき不心得者がなす悪徳のようなイメージで捉えている方がいないでしょうか。もしそうであれば、モラル的な啓発や倫理教育、違反者への罰則強化などを徹底することでハラスメントを減少させることができます。しかしながら、実態としては社会的啓発や大学でのＦＤ（ファカルティ・ディベロップメント）研修など相当になされ、懲戒処分者を出しても、ハラスメント相談はなくならないどころか増加傾向にあります。私たちの意識が低いのでしょうか。この点については次節において大学が抱える問題からアカデミック・ハラスメント増加の傾向について説明を加えたいと思っております。

その前にくどいようですが、ハラスメントの認定方法について理解しておいてもらいたいと考えます。

ハラスメントの厳格な認定とグレーゾーン

私が勤務する北海道大学には、教職員が約四千名在職し、学部生・大学院生併せて約一万八千名が在籍します。組織構成員の数だけで言えば、札幌市役所の職員数とほぼ同じです。「これだけの大組織であれば、セクハラ・パワハラなどのアカハラは相当あるに違いない」とよその大学人から言われたこともあるのですが、おそらくこの方はハラスメントが客観的にそこにあるものだと考えられたのでしょう。

大学であれ官庁であれ、どのような組織でも潜在的にはハラスメントが起きる内部統制や規範意識の緩さ、複雑な人間関係の問題があるかもしれません。しかしながら、本書の中で私たちが取り扱うハラスメントは相談者による申立て行為によって顕在化され、ハラスメント対策室において事実調査された上でハラスメントと認定されなければ、一件も明確にハラスメントとして可視化されないのです。この数だけで言えば、年間十件にも満たないハラスメント行為しかなかったということになります。

もちろん、相談室が受けるハラスメントの申立て件数自体は年間百件を超えています。そのうち八―九割方は事実調査にまでいかずに相談のみや調整行為で相談終了としている事実に注目してほしいと思います。これをもってハラスメント被害者が泣き寝入りさせられているのではないかという人がいるかもしれませんが、そうではありません。丹念に相談者や関係者の話を聞き、問題の確認をしていくと〈加害―被害〉の構造とまでは言えない当事者間の認識の相違、ディスコミュニケーションが大半であり、相談室が介入することで短期日に問題が解決する案件が多いのです。

被害の申立てをする人がいるのですから、そこには明らかに問題があります。しかし、ハラスメント対応をするよりも教務上の配慮、労務管理上の人事配置や配慮で相談者の困りごとが解決するのであれば、大変な時間と労力をかけてなお相談者の意に沿わない結論を得るよりもよいのではないでしょうか。この八―九割の申立てをハラスメントのグレーゾーンと考えておりますが、具体例を見てもらえば納得いただけるのではないでしょうか。

この点はメディアやインターネットでアカデミック・ハラスメントの情報に接している読者の印象と随分違うのではないかと思います。朝日新聞は、全国の研究大学強化促進事業対象の一九大学にアンケートした上で、①窓口が設置されているにもかかわらず生じた、深刻なセクシャル・ハラスメントの事例提示と、②窓口対応の不十分さをケースに基づいて説明していますが、全体の傾向を把握することなく少数事例だけをクローズアップするミスリードの記事でした（朝日新聞二〇二二年一月一一日、一八日付）。ただし、NPOアカデミック・ハラスメントをなくすネットワーク代表理事の御輿久美子氏が、「アカデミック・ハラスメントにはグレーゾーンが大きいために相談者と相談室・大学との信頼関係において問題を解決しておくことが重要」とコメントを載せていました。朝日新聞として議論を喚起したいデスクと取材記者の落ち着きがいいコントラストになり、全国紙の水準を保っています。

メディア報道によりハラスメントの問題はセンセーショナルに扱われがちですが、ハラスメント相談室を設置している大学では、ハラスメント対応に慎重かつ地道に取り組んでいます。そのことを知ってもらうのも本書の目指すところです。

ハラスメント対応のプロセス

図１－１にハラスメント対応の基本的な構図を示しました。プロセス的に示すと次のようになります。

①組織の労務管理や人間関係、業務に潜在的にあった諸問題が、ハラスメントとして当事者に告発され、メディア報道によって可視化されることでハラスメントという社会問題が生まれました。日本では一九九〇年代です。

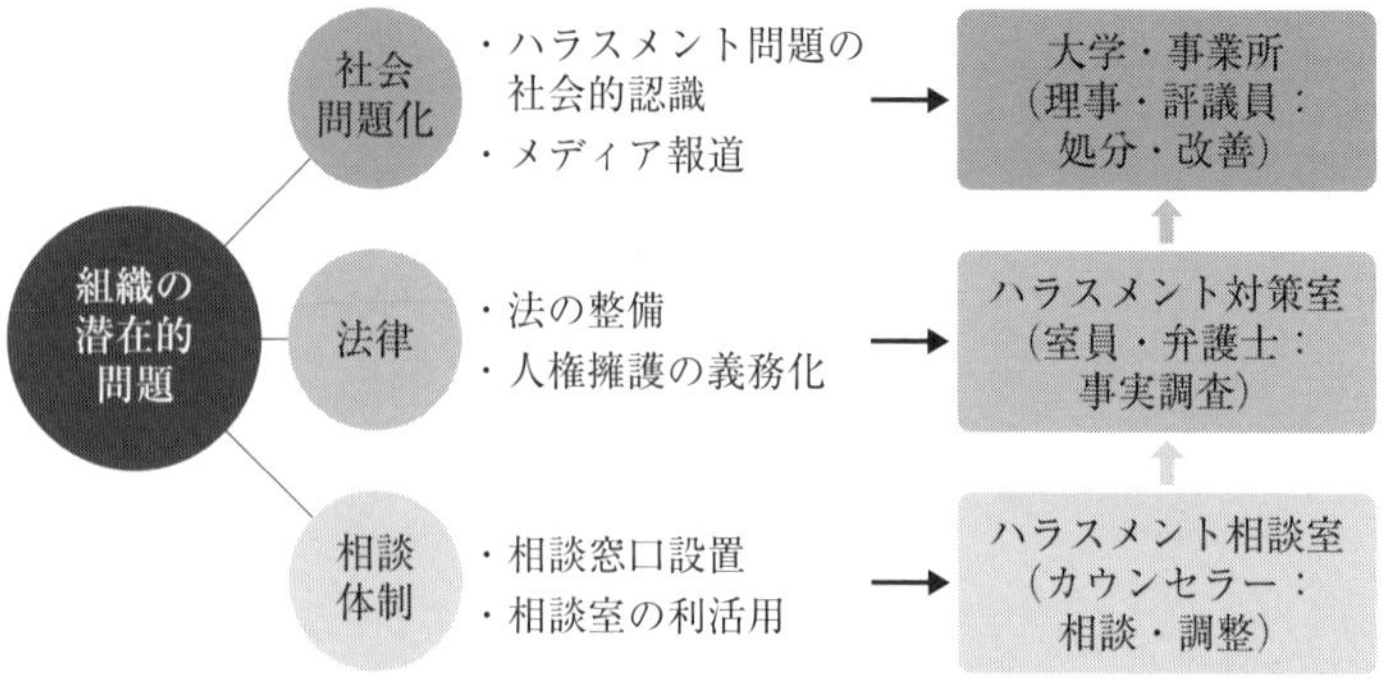

図 1-1　ハラスメント相談の社会的構成と北海道大学の相談体制

②社会問題への対応ということで官僚と政治家が動き、法律を作ります。性的ハラスメントや職場でのハラスメントを防ぐ啓発や被害者の相談に応じる体制を構築することが事業者に求められます。大学において人事院規則10-10「セクシュアル・ハラスメントの防止等」に対応するべくハラスメント相談業務が本格化してきたのが一九九〇年代の終わりです。

③大学の学生に対する福利厚生の充実（学生支援、就職支援、障がい者支援など）が図られ、ハラスメント相談業務の充実も二〇一〇年前後から本格化するようになります。

2　セクシャル・ハラスメントから　アカデミック・ハラスメントへ

北海道大学における相談類型の変遷

北海道大学では、セクシャル・ハラスメントとアカデミック・ハラスメント、及びその他のハラスメントとハラスメント案件の類型化を行っています。二つの時期に分けて説明します。

①ハラスメント相談員会議が担当した二〇〇四年から二〇一五年までの間、正式な案件として対応した件数は年間二〇件から三〇件でした。実際にハラスメントとして各相談員に相談が持ち込まれる件数はその倍以上ありましたが、正式な案件として相談行為が始まるのは半分以下でした。ハラスメント相談員会議議長と相談員会議専門委員会の判断により、緊急に部局長への対応を求める案件と、該当しない案件と分けるためです。正式な相談として対応する案件には、相談員によって相談者、加害者とされた学内関係者に対して面談がなされ、事実確認に基づいた相談員会議専門委員会の判断を踏まえた相談員会議議長と防止等対策室長の名前による通知・改善要請の文書が当該部局に手渡され、その後の対応は部局長に委ねられました。被害者の（教務・人事上の）保護と加害者相当の学内関係者には口頭による注意が主な対応でした。

このうち、防止等対策室へ調査の要請を行う重大なハラスメント案件は年間一、二件と極めて少ないものでしたが、それらは弁護士を交えたハラスメント調査委員会で調査・審議され、総長に報告された後、学内で懲戒処分の対応がなされていました。

この時期からセクシャル・ハラスメントは年間数件に激減し、アカデミック・ハラスメントが増えていきます。

②ハラスメント相談室が担当した二〇一六年から二〇二一年までの対応件数は、すでに述べたようにハラスメント相談員会議の時代の約三倍に激増し、その後もコロナ禍まで少しずつ増え年間一五〇件あまりとなりましたが、コロナ禍の約二年間は年間一二〇件程度に下がりました。

相談件数の増加は、専門相談員の配置による相談のしやすさがもたらしたものでしょうし、コロナ禍の影響としては学内の一般教育・専門講義の大半がオンラインやオンデマンドの授業となり、学生が授業やサークル活動などでキャンパスにいる時間が減ったことがあげられます。加えて教職員も可能な限りの在宅勤務とオンライン会議が推奨されたために、対面状況での接触がかなり減ったことも関係していると思われます。

この時期もセクシャル・ハラスメントが年間十数件であるのに対してアカデミック・ハラスメントは百件前後ありました。なぜ、アカデミック・ハラスメントがセクシャル・ハラスメントと比べてこれほど多いのか、二つほど理由が考えられます。

一つは、セクシャル・ハラスメントに対する社会的な意識が高まり、総数として減少傾向にあるのではないかということ。もう一つは、大学の学習・研究・労働の環境に特有の問題がハラスメントと認識され始めてきたことです。大学の場合は職場でのハラスメントがアカデミック・ハラスメントとして計上されていることもあるでしょう。

以降では、ハラスメントの類型ごとに近年の傾向と問題点を解説していきます。

セクシャル・ハラスメント

セクシャル・ハラスメントは、相手の意に反する不快な性的言動とされます。このような定義を話すと、「では、相手を不快にさせなければハラスメントにならないのか」という素朴な質問を受けることがあります。その通りなのですが、教育指導や研究上の質疑、及び仕事上の会話において性的言動を行う必要性はまったくありません。人は不自然な状況においてセクシャルな言葉を投げかけられると、著しく不快に思うものです。また、人には許容範囲となる物理的距離があり、せいぜい隣席という意味で二、三〇センチ程度でしょう。

場をわきまえることと距離感さえ間違えなければ、セクシャル・ハラスメントを起こすことはないはずです。「しかし、それでは親しく話すことができないではないか」という質問も受けたりします。これについては、社会的に許容される範囲を超えて親しくなる必要はない、と答えざるを得ません。このような常識的な感覚が緩んでしまいがちな場が酒席や二次会です。セクシャル・ハラスメントの多くはこうした場と時間帯で生じています。

セクシャル・ハラスメントには、おおよそ三つの類型が考えられます。

①環境型のセクシャル・ハラスメント

定義「性的な言動によって職場・教育環境が害されること」

一昔前までは「猥談で場を盛り上げる」とか若い男女に「恋人の有無をたずねる」とか無遠慮な

ことが行われておりました。さすがに現在は「セクハラですよ」と誰かが制するようになっていますが、過度なプライバシーへの干渉を行う大学教員や幹部職員のケースが時々相談されます。話す相手の容姿や服装、持ち物などが気になったとしても、言動を慎むのが礼儀というものです。無作法な人にはやんわりと注意してあげましょう。

②対価型のセクシャル・ハラスメント

定義「相手から取引に応じない場合、不利益を受けることを示唆されること」

相手に対して直接的な取引を持ちかけるような性的な誘いかけはほとんど姿を消しておりますが、「出張等で同行や飲食等を強く要請され」たり、「教室や研究室以外の不適切な場所・時間帯で個人指導等が行なわれ」たりするケースはまれに相談されます。こうしたケースは教授―若手研究者や大学院生、上司―部下といった関係で生じ、優越的地位にあるものの誘いを下位のものが断れない状況で生じています。教授や管理職は、自身の言葉が無言の圧力を伴うものであることを自覚し、業務とプライベートな時間を明確に切り分けることが必要です。この切り分けができないような人には警戒が必要ですし、逃げることも被害者にならないための一つの方法です。

③事件型のセクシャル・ハラスメント

定義「証拠が揃っていれば警察に相談すべき、刑事事件相当の悪質なハラスメント」

具体的には、盗撮やストーカー行為、性的な身体接触を含む性的暴行などです。セクシャル・ハラスメントのうちで最も深刻なケースと言えますが、相談者がすぐに自身の被害を認識し、身近な人に助けを求めたり相談したりすれば、比較的早い解決が可能となるのですが、加害者とされる人が同じ研究室や職場の人である場合に相手に配慮して我慢する傾向が見られます。ことを荒立てて相手の立場を無くすことまではしたくない、という配慮をしてしまうのです。しかし、時間の経過とともにメンタルな落ち込みが生じてきて、どうして自分だけが悩まなければいけないのかと思うようになり、ようやく相談室に連絡するというケースが多いようです。緊急を要する場合、相談室は警察と連携して問題の解決を図りますし、時間をかけていい場合は、しかるべき証拠を揃えてハラスメントの事実確認を行うことになります。

セクシャル・ハラスメントの被害は精神的ダメージを伴う場合が多く、被害者が被害性を明確に自覚する前後に、精神的な落ち込みや不安定さのためにクリニックを受診することがあります。相談室や担当部署が適切な対応を迅速に行わないと、被害者の精神状態が悪化する傾向が顕著にみられます。責任者は不測の事態を想定して最大限の配慮をもって親身な対応を行わないといけません。

なお、大学内や職場では恋愛関係が認められないのか、という大人の質問に対しては、適切な恋愛作法がわかっている大人の人には可能であると答えておきましょう。過去に「男は押しの一手」だと思っていたと、嫌がられているのも構わずアタックしていた男子学生がおりましたが、ストーカー被害として対処し、当該学生には潔く諦めることも大事だと助言しました。また、同意があったと主張する人には、主観的な思い込みは相手にとって迷惑であるし、相談者は否定していますよ、と伝えるしかありません。教師―学生、上司―部下のような地位の非対称的な関係では、優越的地位を利用したセクシャル・ハラスメントと評価せざるを得ないのです。

アカデミック・ハラスメント

教育・研究上の優越的地位や影響力に基づき、相手の人格や尊厳を侵害する不当な言動を行うことがアカデミック・ハラスメントと考えられます。教員が学期末に履修生の成績評価を行い、優良可や不可の評価を付けることは教育上の権限として認められています。学生は成績評価に対する異議申し立ての権利はありますが、適切に評価されたものであれば意に沿わない評価であっても受け入れざるを得ません。卒業論文や修士論文、博士論文などに関しても、教務上適切なやり方で審査して一定の基準に満たない論文を不合格とすることは、大学や大学院の教育の質を保つために必要なことです。卒業や修了の危うい学生や大学院生が、指導教員にほかの学生や大学院生と比べて公平さを欠くほどの集中的な指導や特段の配慮を求めた場合、指導教員がこれに応じないとしても問題はありません。

成績評価や論文評価の結果や方法をめぐって教員と学生・大学院生との間に葛藤が生じることがあり、アカハラではないかと相談を持ち込まれることもあるのですが、学則や教務上の手続きに則って教育や評価が行われているかどうかがポイントになります。

日本の大学・大学院は厳格な入学試験を行う一方、他国と比べて卒業・修了の認定は甘い傾向にあり、著しく成績不良でない限り卒業・修了するのがあたりまえと本人や学資支援者、大学の教職員も考えている節があります。そのことが本人にプレッシャーを与えて勉強ではないところに気を回したり気を病んだり、周囲の人間が要らぬ配慮をしたりすることがあります。大学教育の基本に立ち返ることが重要です。

アカデミック・ハラスメントの多くは、基本からずれた教育や評価を行うところに発生します。ここでも四つほど典型的な例をみることにしましょう。

①教育権限の濫用的言動

定義「権限を不当に超えた言動やいきすぎた叱責などが該当」

具体的な言動例としては、「指導教員の私がダメといったら絶対にダメなのだ」「私の言い方次第で学位審査の委員会や教授会などどうにでもなる」といったものです。これらの言動は、評価の手続きや権限を逸脱したものであり、優越的地位を誇示することで自分への服従を要求する不当な言動とみなされ、アカデミック・ハラスメントと評価されます。

学生や大学院生は所定の手続きを踏めば論文提出の権利があり、教員はその後の審査で評価の権限を有します。したがって、指導教員はドラフト段階で論文審査に通らないと判断した論文であっても学生・大学院生に提出の判断を委ね、評価は提出後に主査・副査によって合議で行えばよいのです。その前に前記のようなことを言えば、それが学術的に適切な評価であったとしても学則や教務上は恣意的判断となります。

また、学生や大学院生に対する評価も適切なやり方で行うことが重要であり、内容的にその通りであったとしても同級生や研究室のメンバーに知られるような形で評価を行ったり、数分で問題点を指摘すれば良いところを一時間以上かけて叱責したりすることがあれば、それはアカデミック・ハラスメントとみなされます。「バカ」「能力がない」といった言動はその一言でもアカデミック・ハラスメントになります。そのような言葉遣いをする必要はないのです。できていない点や不十分な点が何であるかを本人にわかるように伝えることが指導であり、自分の期待に応えてくれないことに対して腹立ちまぎれに罵声を浴びせるといったことは、教育上まったく必要がありません。

②恣意的言動としてのアカデミック・ハラスメント

定義「職務権限にまったく無関係な言動を行ったり、個人的見解を披瀝したり感情を爆発させたりして相手に恐怖感を与えたり、精神的に追い込んだりする言動」

これは行き過ぎた叱責よりも悪質なもので教育や研究の場では有害無益な言動です。にもかかわらず、自身の学問的な功績やひとかどの人物であることを示そうとして、ほかの研究者や同僚教員、研究員や大学院生をこき下ろす人物がいます。他人の悪口は聞いていて不快ですし気が滅入ります。「こんな研究カスだよ」と発表者の目の前で言ったり、「ポスドクは奴隷、どういうふうに使うかだ」などと言ってはばからない人もいました。そうした発言を直接的・間接的に聞いた当人がどう思うのかと考えてみただけでも意味のないことであることがわかりますし、研究室のチームワークや教育環境を悪化させます。

また、教授や管理職が大学院生や部下に対して私的用事を依頼すること、自分がそうであるからといって研究員や大学院生にも日曜祝祭日も研究室に出てくるよう命じたり、自分のプロジェクトに関わらない大学院生や研究員に実験室を使わせなかったりすることなどもアカデミック・ハラスメントと評価されることがあります。しかしながら、研究上の制約に関しては個々の研究の文脈をしっかり見ていく必要があります。

人文学や社会科学では個人研究が多いために指導教員が学生や大学院生の勉強や研究を制約するようなことはほとんどありません。その代わり、本を買うことや資料収集・調査の旅行に出かけることも学部学生から大学院生まで自費でやります。指導教員と連名で学会発表を行ったり論文を書いたりする機会もほとんどないので学会出張も自費が原則です。ところが、自然科学系の研究室では教授と研究員・大学院生・学生が包括的な研究テーマでプロジェクト研究を行い、それぞれが不可欠の研究を分担する代わりに実験室や試薬が使え、研究予算で学会出張に行けたりすることもあります。自由度と自己負担、制約と研究費の心配がない状況は、バランスの問題とも言え、研究員・大学院生・学生が不満を持ち、アカデミック・ハラスメントではないかと相談に来たような場合、大学院や研究室ごとの特徴を考慮します。

しかし、学問分野を問わず、研究や教育の必要性とは関係なく、自慢話や悪口を延々と聞かせられたり、教授の機嫌を損ねないように研究室のメンバーが気を遣ったりしているような研究室はアカデミック・ハラスメントが起きやすい状況にあると言ってよいでしょう。

③ネグレクト的アカデミック・ハラスメント

定義「修学上必要な教育的関与を、修学に支障をきたす限度を超える期間にわたり一切行わないこと」

具体的には、①と②とは逆に、学生や大学院生の学習や研究にまったく関与しない、あるいは教育的指導を行わずに卒業や修了のための論文評価や審査を行う例です。指導教員の指導の枠から外れた大学院生や研究員などが相談するケースがありますが、指導やアドバイスをお願いしても応じてもらえないということであれば、ハラスメントと言えます。これも文系と理系、実習や実験の有無、研究領域ごとにかなり違うのではないかと思われます。

先にも述べたように人文系では早々に自立した研究を行うので、論文提出前に構想発表会での質疑やドラフト原稿に一度を目を通してコメントする程度が指導の大要であり、実験系の研究室のように学生や大学院生が大学に毎日通ってきているかどうかや、一週間ごとに進度をチェックするようなことはなされません。

④研究不正を行われるか強要されるアカデミック・ハラスメント

定義「研究発表や研究論文のオーサーシップにおいて不利に扱われたり、研究不正（アイディアの盗用やデータの捏造、補助金の不正使用など）に関与させられたりすること」

これはハラスメントというよりも研究不正として対応した方が適切ですし、北海道大学においてもそのような対応をしております。しかしながら、自身の研究成果が無断で使われたり、適切なオーサーシップ（論文の著者や共著者、実験やデータ分析などにかかわった人を記載すること）についての取り決めがなかったり、あるいは研究不正に加担させられることで精神的に疲弊し、アカデミックキャリアの上でも損失をこうむることがあります。被害を受けているという意味ではハラスメントの被害者になります。

実験系や調査系の研究室では高額の科学研究費補助金などの助成金を受けていることが多く、短期支援員の雇用、謝金、契約や物品購入ほかの適切な使用方法に関して大学全体として相当に学習し、チェックもしているのですが、空謝金などの不正使用を根絶するには至っていません。また、短期的に成果を出すべくプレッシャーの中で研究を続ける先端の研究者たちは、研究への貢献度に応じたオーサーシップについて十分な話し合いをせずに成果発表を先行させた結果、関係者から研究不正の申し立てがなされることもあります。

ただし、この問題も文系と理系、分野に応じて執筆のスタイルが異なるということがあります。巨大な実験施設を使用する地球科学や惑星科学のような論文になると、原著者が数百名に及ぶことも不思議ではないと聞いたことがあります。アイディアを出した人と実験に参加した人を加えれば、それくらいの規模で研究を進めているということのようです。他方で、私のような社会学領域では調査報告書では共著論文が増えているものの、学会誌に掲載される論文は大半が単著論文になります。私の指導院生が、私の科学研究費補助金の研究協力者として調査出張し、その成果をもとに学会誌へ投稿し、私がその論文が査読を通過するまで何度かドラフトの修正・校閲に関わりアイディアを提供したとしても、共著者として私の名前を加えることは考えません。もしこれをやれば文系教員の共著論文数は二、三倍に跳ね上がるはずですが、学問分野の慣行としてほとんどの教員が共著にしないのです。

近年、なぜ、アカデミック・ハラスメントが増加傾向にあり、大学におけるハラスメントの過半を占めるようになっているのかについては、4節でも説明を加えます。

職場でのハラスメント

職場において、職務上の地位や影響力に基づき、相手の人格や尊厳を侵害する不当な言動を行うことをハラスメントとみなします。

具体的にここでは五つの行為類型を考えます。

①身体的・精神的な攻撃（暴行・暴言）

上司から部下に対してが典型的なパターンであり、教授と准教授・助教、係長や課長と事務職員・非常勤事務職員との間で生じることが多い事例です。さすがに大学では暴力行為（殴る、蹴るなど）を伴った威圧的行為はほとんど見聞したことがなく、暴言というよりも険のある言葉遣いで口頭やメールで注意を受け、その注意事項が何をどうせよと具体的ではなく、注意を受けた人の至らなさをなじるような内容である場合、その頻回度や長期にわたるなどの様態に応じてハラスメントとみなされることがあります。

たいていの場合、上司は相手に対して精神的な攻撃を加えているという自覚はありません。しかも、往々にしてできる教授やできる管理職であることが多く、自分の基準や仕事のスピード感に基づいて部下の要領の悪さや仕事の遅さに苛立ったり、皮肉を言ったりするということが発端になります。発言の内容自体は的を射ていることも多いのです。しかし、相手を見て言い方を変えることも重要です。また、部下としては上司に対して「ハイわかりました。すみません」ではなく、「何がどうマズかったのか」具体的な指示をくださいと尋ねることも必要でしょう。

②人間関係からの切り離し（仲間外し・無視）

これは上司―部下の関係よりも同僚の間で生じることが多いようです。相談者は非常勤職員であったり、（精神的）障がい者雇用の職員だったりすることも散見されます。正規職員でもこのような相談をしてくる人がいます。一見すると差別的な処遇に見えるのですが、立場の弱い人たちがいじめに遭っていると言うよりは、正規職員の間で仕事を早く回そうとして当該の職員に十分な業務の説明や指示がなされず、結果的にその人たちの仕事が進まず、そのために次の仕事も任されなくなるというようなことが生じていることがあります。正規職員の意識として無視している意識はなく、管理職も相談室の介入があって初めて事態に気付くことが多いようです。仕事の分野の得意・不得意、手早さについては個人差があるので、管理職は業務の分担の問題として改善することが求められます。

③過剰な業務を課す（連日の残業、自宅での作業を要するほど）

こうしたケースはハラスメントとして相談されることはまれで、当該職員が休職してしまい、結果的にそのような要因があったのではないかと推測されることがあります。若手の正規職員や係長、課長補佐などの中間管理職に時折見られるパターンです。大学における事務作業量が飛躍的に増大していることについては4節で詳しく説明しますが、直接的な業務責任を負う一般職員や係長の残業時間が深夜に及んだり、休日出勤などでフォローせざるを得なかったりすることも聞き及んでいます。誰かが特定の人に過剰な業務を課しているというわけではなく、その部署全体の業務量が多すぎるということが問題です。ただし、部署ごとの業務量は大学の組織改革や再編などによって変わり、また事務職員はローテーションで異動するので数年にわたって長時間・超過密の労働が続くわけではないのですが、途中で折れてしまう人たちがいるのは確かです。

この問題は特定の大学組織に固有の問題というよりは、文部行政や独立行政法人のあり方にも関わるので簡単な解決や改善が難しい課題です。

④過小な業務を課す（必要ない人間であると思わせる）

これは②の問題とかなり重なっておりますので、対応方法もほぼ同じになります。

⑤プライバシーへの干渉（休日の予定などを過剰に尋ねる）

親しき中にも礼儀ありで、日常的な会話の中に含めていいことと悪いことはあるでしょう。職場の人間関係というのは、業務上必要な限りにおいての親しさと情報交換にとどめておいた方がよいのではないでしょうか。

以上、大学におけるハラスメントの特徴と傾向について述べてきましたが、より端的にハラスメントかどうかを判断する基準があれば示してほしいという方もおられるのではないでしょうか。

ハラスメントか否かの基準

原則は「言動に正当性・相当性があるかどうか」です。正当性とは、①大学の学則や部局ごとの通則、及び教務上の細則に則っているかどうか、②学生・大学院生の学習権や大学の教職員の労働権、人権的配慮がなされているかどうかであり、相当性とは、③日本の大学や社会において常識的なものと認められる範囲に収まっているかどうか、です。

①は組織のコンプライアンスの問題であり、②は学生・労働者の権利の問題であり、③は民事的な裁判において通る主張かどうかという問題と考えてもいいでしょう。

ここまでは原則論ですが、ハラスメントの基準が曖昧であるように思われる理由としてグレーゾーンの存在があります。なぜ、グレーゾーンが生じるのかということなのですが、一つに当事者間に問題が発生していることは明らかであってもハラスメントとして扱うにはどうにもおさまりが悪い案件が相当数あります。ハラスメント相談員会議において持ち込まれた相談の検討を一件一件行うのですが、ハラスメントだともそれは違うとも即断できず、うーんとうなりながら視点を変えて考え直したり、さらに相談者から情報の追加を求めたりすることがあります。もう一つは、悪い冗談やからかい、叱責一つに対しても我慢がならない、許せないと言う人もいれば、それほど深刻に受けとめず聞き流せる人もいます。ときにその人の髪型や服装や雰囲気、言葉遣い、体臭なども気になって仕方がないということもあります。

その人の人権にも関わる問題なので、本人に注意を促して周囲が納得できるように調整することが適切なのかどうか、それ自体が問題となることもあるでしょう。人によって、文化背景によって受け止め方・受忍限度が異なることはほかにもいろいろとあります。

キャンパス内に留学生や外国人教員が増えてくると、日本社会における相当性が相当と認められないようなことも生じてきます。北海道大学もダイバーシティとインクルージョン宣言を行っています。ダイバーシティ（多様性の尊重）が重要であることは論を俟ちませんが、自分の利害に直接関わるようになったときにどう対応できるかが問われます。その人の変えることのできない個人的・社会的属性をもって異なる処遇をするのであれば差別ですが、その人の異質的な言動や表現行為をどこまで認めるかどうかは、その人が属するコミュニティにおいて構成員が納得できるかどうかにもかかわってきます。相談者のクレームが正当なものであっても、組織の責任者が受け入れることを構成員に命じれば問題が解決するというわけではなく、かえって潜在化して相談者の環境が悪化することもありえます。ハラスメントの予防については次節で述べますが、管理者の役割は構成員に倫理的指針を示して終わりではなく、構成員から同意を得られるように議論やコミュニケーションを活性化することではないでしょうか。

話をグレーゾーンの問題に戻しましょう。改めて基準に関して大学や職場のハラスメント事案に関わってきた井口博氏から直接指導を受けた基準を記載しておきます（二〇一三年二月六日北海道大学ハラスメント講演会資料を参照、及び井口博　二〇二一）。

基準は四つあります。

①言動の必要性（恣意性は何か）
②言動の内容（人格攻撃、回数、威圧性）
③言動の状況（面目を失わせることを企図していないか）
④言動の環境（教育・労働環境の配慮が適切になされていたのか―管理責任）

①から③についてもう少し簡単に言えば、悪意や他意があるとみなせるかどうかと言ってもよいでしょう。当事者に悪意や他意があったかどうかは本人の主観はどうであれ客観的には説明できないことです。ここで問題なのは、受け手の側が悪意や他意を感じざるを得ない程度の言動があったかどうかなのです。

思わず声を荒げて注意してしまう、叱責してしまうこともあるかもしれません。相手が萎縮しているようであれば（翌日欠席してしまったようなときなども）、「大きな声を上げて済まなかった。感情的になりすぎた」と一言詫びを入れておけば、相手も納得してくれるかもしれません。フォローアップがなく怒鳴りつけるだけなら、相手はそこまで言われる筋合いはないと考えるのが普通でしょう。

ハラスメント相談を受けるケースの大半は、威圧的な言動が複数回あり、そこで面目を失ってしまったと思わざるを得ないようなことが多いものです。学部や大学院の演習、研究室の会議などでレポートや研究報告がなされるときなどは、内容に間違いや物足りなさはあったとしてもどこか良い点を探して報告の労をねぎらい、改善点を指摘すれば、学生や大学院生は学習や研究への動機付けを高めてくれます。逆に、「何を言っているかわからない」「君は本質をわかってないね」といったコメントでは全否定されたように思って落ち込むでしょう。

六〇代の私は後者のような指導を学部や大学院でうけ、「大学院生は徒弟であるから、ともかく言うことを聞かなければいけない」という親方衆たる先生方の薫陶を受けてきました。私の世代は概してこのような教育を受けてきたわけですが、このやり方はもう通用しないでしょう。研究の本質は変わらないのですが、若い世代が受けてきた教育も社会も変わったのです。自分が受けてきた教育をそのままやろうとすると、ハラスメントになりかねない要素があることを教授の世代は認識しなければいけないと思います。

事務系含めて管理職の人たちが気をつけなければいけないのは、一般職員が上司の指示に従うのは職位に基づく指示系統や業務遂行のプロセスがそうなっているからなのであって、その人個人の考えや人格に傾倒しているからではないのです。職位や業務の限りにおいて仕事上の付き合いをしているに留まっていることを忘れてしまうと、「オレの言うことが聞けないのか」「アイツは使えない」など人格的な評価に踏み込んだ言動に及んだり、乱暴な言葉遣いをしたりすることがあります。職場の組織が大きくなればなるほど、入職時には同列であった人々の間で昇進に差が付き、管理職と一般職において年齢の逆転がみられるようなこともあり、本省出身者と現場採用の差異もあるでしょう。

しかしながら、勤め人はいずれ退職し、職業的な地位や役割なしに近隣の人々や趣味縁の人々と○○さんと呼び合う同士で付き合う必要が出てきます。このような関係においてマウントをとるような発言をすれば嫌われます。管理職になるということは定年に近づいているということなのですから、言葉遣いや相手への接し方をむしろ矯正する期間くらいに心得ておく方が良いのかもしれません。

3　ハラスメントの予防と対策

ハラスメント防止のガイドラインと指針

ハラスメントの発生を予防し、もしハラスメントが発生した場合に大学がどのような対応手段で問題の解決を図り、被害者を救済していくかについて、あらかじめガイドラインを定めておくことが重要です。

北海道大学では二〇〇七年にハラスメント対策室会議がガイドラインを制定し、二〇一六年のハラスメント相談室設置後に一部改正を行って運用しています。

国立大学法人北海道大学におけるハラスメントの防止に関するガイドライン（　）は筆者による補足）

①　ガイドラインの目的
②　北海道大学はハラスメントを許しません（方針）
③　ハラスメントとは（定義と分類）
④　加害者とならないために（注意事項）
⑤　被害を受けたときには（相談窓口）
⑥　ハラスメントを見かけたとき、相談を受けたときには（第三者の対応）
⑦　北海道大学の対応組織（相談室と対策室の区分）
⑧　相談対応機能（相談室の役割）
⑨　問題解決機能（対策室と調査委員会の役割）
⑩　プライバシーの厳守と被害者の保護（支援の方法）
⑪　加害者に対して（反省と措置を求める総長への報告）
⑫　虚偽の申し立ての禁止（証言に責任を求める）
⑬　研修・啓発活動の実施（ＦＤや学生ガイダンスなどの実施とハラスメント予防推進員の配置）
⑭　ガイドライン及び関係規程の見直し（段階的整備）

ガイドラインの構成で重要なことは、相談機能と大学全体のガバナンスに係る問題解決機能を明確に位置付けることです。相談室におけるハラスメント相談はインテーク(導入)と相談者のケアが主たる業務であり、問題解決は当事者が所属する学部や大学院、研究施設や事務組織の業務です。各処の部局長と大学の役員・大学長が加害者と被害者に適切な対応をとることを制度化していなくてはなりません。組織的対応の実際については第三章で説明がなされます。

なお大学の部局ごとにハラスメント防止のための指針を掲げ、具体的な細則を申し合わせとして設けるところもあります。前節で説明したセクシャル・ハラスメントやアカデミック・ハラスメント防止のために、授業のやり方や学生指導の実際について注意事項を掲げるものです。よく知られているところでは、男性教員が女子学生に対して研究室で個人面談をする場合、研究室のドアを開けておくとか、指導は原則として大学と就業時間内で行われるべきであるとか、SNSやメール、電話を用いた頻回の連絡を避けるとか、学生を不快にさせるような言動を行わないなど、細かくあげればキリがないものです。

このような細則が設けられる背景として、管理者として教員個々人の常識や良識に任せていては防止できないという危機感と、教員側としてもこの基準さえ守ればハラスメントの加害者として申し立てられることがないという安心を得たい、という心理も働いているかもしれません。ともかく、まずは確認が大事だということです。

しかしながら、「仏作って魂入れず」の譬《たと》えがあるように、こうしたガイドラインや指針が何のために設けられるのかということについて、共通の認識が大学の構成員に共有されることが重要です。ハラスメントの加害者にならない、被害者を出さないということを目標にするために、基準は何だ、グレーゾーンが問題だとなります。そうではなく、教育や研究の場、職場の労務管理や人間関係としてどうあるべきかという理念と良識こそが重要であり、この点の確認がハラスメント対応の要点であることを忘れてはいけません。学生や大学院生、教職員において立場の弱い者が我慢しなければいけないような環境を改善することが重要なのです。大学構成員の個人としての規律や倫理だけを重視して、ハラスメントが生起する構造的な問題を看過すれば、ハラスメント防止は画餅に帰すでしょう。

ＦＤと啓発活動

ハラスメント予防のための啓発活動として、ホームページやポスターによる相談窓口の案内やＦＤ研修会などがあります。北海道大学において、学生・大学院生には入学時のオリエンテーションで若干の時間をとって説明し、教職員に対しては部局ごとのＦＤ研修を実施しています。私もハラスメント防止ＦＤ研修を本務校で六年間、他校や日本学生相談学会の教育セッションなどでも実施してきました。初めてのハラスメント研修であれば、ハラスメントとは何かから始まり、事例紹介と注意点の説明などを加え約三〇―四〇分で万人向けの話をできるのですが、近年研修の専門化が必要ではないかと思い至っております。大学内においても立場において知るべきこと、対処すべき事の内容が異なるのです。

当面は三つのタイプに分けることでよいでしょう。

①学生・大学院生向け（目的　ハラスメント被害に遭わないために）

学生や大学院生同士、先輩―後輩関係におけるハラスメントはもちろんありますが、やはり圧倒的に授業担当教員や指導教員との関係においてアカデミック・ハラスメントの被害者となることが多いのです。もしハラスメントにあった場合、相談窓口をどう活用するのかという知識を得ていくことが、この研修の眼目になります。同時に、学生や大学院生として教員とどのように接し、指導を受けていくのか、そのポイントをあらかじめ知っておくことも重要でしょう。自分のやりたい研究テーマを見つけることや、同輩・先輩に勉強の仕方や研究の仕方でアドバイスを求めること、学内の施設の使い方や研究倫理などの知識をえて自律的に勉強することができれば、指導教員に依存せずに指導を受けることができます。指導教員との関係で悩む学生や大学院生が少なくないのですが、教員側の問題と学生・大学院生側の問題が併存している印象があります。ＦＤ講師としては大学院のことを熟知した専門の相談員がよろしいでしょう。

②教員・職員向け（目的　ハラスメントの加害者側に立たないために）

アカデミック・ハラスメントの加害者として申し立てられないために、ハラスメントの基準について基本的な認識を確認することと同時に、授業や論文指導の方法、職務の遂行の仕方や同僚・部下との人間関係の持ち方についても冷静に振り返る機会をＦＤ研修で持つことが重要です。そのため、職層においては隔年で「初めてのハラスメント研修」などを繰り返すよりも、分科会やグループディスカッション形式を取り入れ、具体的なハラスメント事例をもとに、なぜハラスメントとして相談者に認識されたのか、お互いの感覚や経験などを話しながら自分の認識のズレや、そこまで注意しなければいけないのか、といった事柄に気づいていくことが重要ではないか、と思っております。そしてこの形式は座学よりも、教職員の参加意欲や、研修後の動機付けが極めて高くなります。講師としては様々なケースを扱いなれ、教育・研究含め大学組織をよく知っているベテランの相談員や相談室長クラスが適任です。

なお、新任研修については、ハラスメント防止のガイドラインから始まり、具体的な事例を扱う相談室の機能などの解説や質疑応答を一時間はかけて専門の相談員が行う必要があります。

③部局長や管理職向け（目的　ハラスメント事案へ対処するために）

この研修の眼目は、当事者意識を持って問題解決のために努力してもらうことを管理職に再確認することです。自らがハラスメントの加害者にならないという段階は終わっております。ハラスメントの被害者が出たときに、加害者相当とされた教職員にどう対応するのか、教育組織のコンプライアンスをどう立て直し、構成員を啓発していくのか、実践的な手腕が問われます。「当事者意識を持って」とあえて書いた理由は、いざことが起こったら、組織の管理責任者として被害者に謝罪し、加害者に深く反省してもらうための措置をとらなければいけないからです。非常に重たい仕事です。ここで逃げずにしっかりと厳重注意をしてもらえば、アカデミック・ハラスメントを繰り返す教職員の言動に釘をさせると思うのです。

ハラスメント相談室の役割は初期の調整行為にあります。この段階で管理職に動いてもらえると相談者のケアもスムーズに進められ、相談者と加害者として申し立てられた人との関係も決定的な亀裂や対立を迎えることなく、ある程度のところに納められる可能性があります。しかし、この段階での動きが遅かったり、適切でなかったりした場合に、調査委員会を設置して事実関係を可能な限り明らかにし、ハラスメントを認定し、加害者と所属組織に相応の責任をとってもらうことになります。加害者認定された教職員を処分するだけではおさまらず、当該の教職員及び組織の長を相手どり、使用者責任を追求して損害賠償請求の裁判までいくことがあります。このような裁判は長期化する傾向があり、組織間・人間間の亀裂は修復不可能になり、組織としてのパフォーマンスを下げます。

ハラスメント被害において深刻なのは一次的被害もさることながら二次的被害です。それは往々にして加害者相当の人が属する組織の対応のまずさに由来することが多いのです。たとえ裁判で勝訴したとしても被害者は傷ついたままです。むしろ、長期化することによって傷は深まります。加害者とされた人も人生をかけて反論し戦うでしょう。私はこのような事案を見たり、関わってきたりもしたのですが、膨大な時間とエネルギーが費やされ、どちら側の人生も変わっていくさまになんとも言えない割り切れなさを覚えます。

ハラスメントは重大化すると実に深刻な帰結を生み出します。そうならないためにどうするのかということについて私は一つの考えを持っております。私たちのコミュニケーションの仕方についてふりかえり、少しだけ方向を変えていくことです。

アサーティブ・コミュニケーション

皆さんは、アサーティブ（assertive）やアサーション（assertion）という言葉を聞いたことがあるでしょうか。英語の意味としては、「はっきりと物事を言う」ことですが、近年臨床心理のカウンセリングや自己啓発のトレーニング法として注目され、関連の書籍も多数出版されています。私は学生相談の講習会においてアサーティブ・トレーニングの草分け的存在である臨床家の平木典子氏から、直接この概念とトレーニングの有効性について話を聞くことができました。そして、ハラスメントを防止するためのコミュニケーション法として使えるのではないかと考えています。

平木先生によれば、アサーティブであることとは、「自他を尊重した自己表現もしくは自己主張をなす」ことであり、キーワードとしては「誠実、率直、対等、自己責任」が挙げられるとのことです（平木　二〇一二）。日常的なコミュニケーションの場面においてどのようなタイプの自己主張があるかを簡単に類型化してみました（図1－2）。

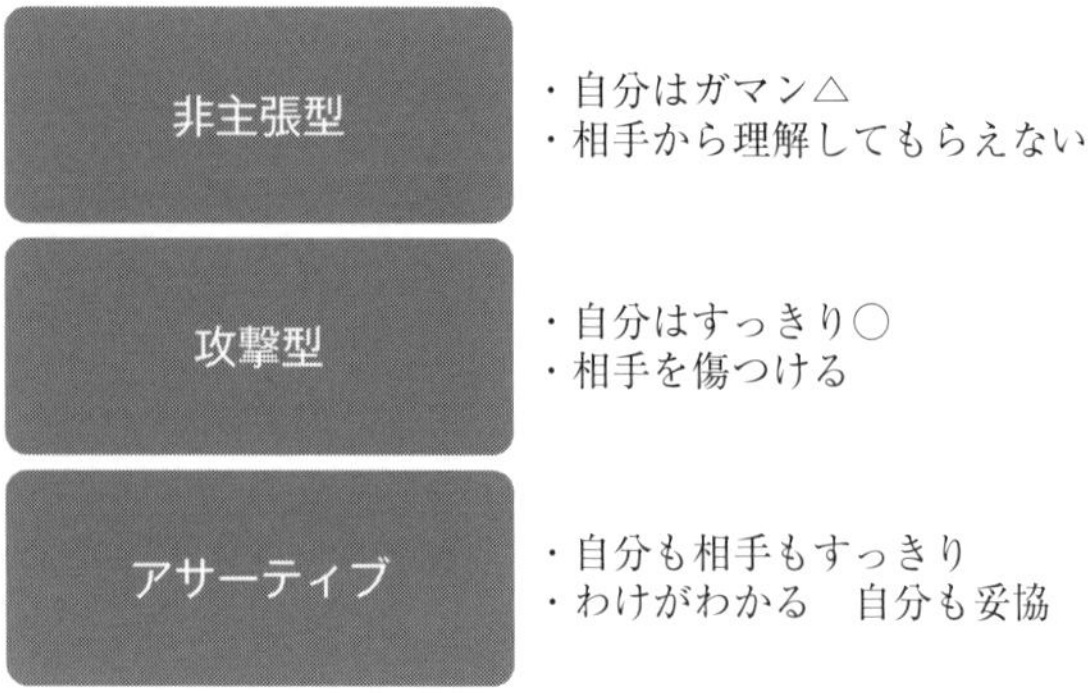

図 1-2　アサーティブ・コミュニケーション

友人同士や同僚の間では、微妙な距離感や年齢差、先輩―後輩の関係があったとしても基本的には対等な口の聞き方をするでしょう。ところが、大学の研究室や職場において教員と学生・大学院生、教授と助手や研究員、課長・係長と一般職員のように明確な職位上の差異があった場合に、上位者は言いたいことを言ってすっきりし、下位者は我慢して何も話さずストレスを溜め込むといったコミュニケーションになることが少なくありません。その際、言い過ぎて相手を傷つけたり、納得しないことやできないことまではいと返事をしてしまったりして困る状況が続くとハラスメントになりかねない葛藤状況が生じます。

そこで、上位者は相手が納得できるようにはっきりと指示やアドバイスを出し、下位者は適宜質問などをしながら自分がなすべきことを明確にするといったアサーティブ・コミュニケーションの出番となるのです。ここでは話し合いがおこなわれ、叱責はありません。お互いが妥協できる着地点を探ればいいのです。学生や大学院生であれば、理解できないことは理解できないといい、自分の能力や費やせる時間内で無理なことについてはできないと言えばいいし、教授はできる範囲内でやりなさいと激励するしかありません。職員も自分の職責として全うできることならば、やる意思を示せばいいし、業務に関連しないことや工夫の余地のあることについては上司に再考を求めることもあってしかるべきです。

実のところ、日本人は文化的な特性としてアサーティブなコミュニケーションに慣れていないだけでなく、率直すぎることや場の雰囲気を察しないことをよしとしない行動規範を持っています。そもそも国会や地方自治体の議会においても政治家は討議をしないのです。議事次第にしたがって官僚や行政職員が用意した質問書と答弁書を読み上げるのが基本であり、あまりに木で鼻を括ったような言い方になれば、やじや怒号が飛び交うという有様です。学会大会などにおいても相手に応じてかなり丸めた表現が使われ、あまりに率直すぎる質問が出るとどこの人かと皆が振り返るほどです。公式の場面がこうである一方で、非公式の場面では遠慮のない言い方が好まれ、腹でコミュニケーション（腹芸）できる人間が懐の深い人であると評価されます。

欧米の国際学会では、学会での口頭発表やラウンド・テーブルなどはもとより、理事会などの学会運営の場面でもどのような意見の持ち主であろうと表現の仕方が稚拙であろうとアサーティブであることが基本であり、その上でうまく話せる人と話をまとめることができる人が評価されます。他方で東アジアの国際学会では、親密な関係でのコミュニケーションが重視され、日本以上に学会内での長幼の序や序列が意識化されます。ただし、日本と若干異なるのは、上司―部下の関係であっても相手の面子を潰さないことに気を配ることです。日本人は職位を権力の源と考える人が多いのに対し、東アジアではどれだけ資源(金と人)を引き出せるネットワークを持っているかが力とされます。したがって、上位者は下の人間から支えられることを常に意識して、自分より上位のものや同列のものたちと関係を築いているのです。

文化的なパーソナリティ論はこのくらいにしておきましょう。アサーティブなコミュニケーションが私たちには簡単にできないということがわかった上で、なおその重要性を認識し、できるだけ近づいていくことが、グローバルなアカデミックコミュニティの人間として求められるのではないでしょうか。

4　アカデミック・ハラスメントの構造的生起への対応

アカデミック・ハラスメントはなぜ増加し、なくすことができないのか

「ハラスメントを善悪としてではなく、人間関係の葛藤としてとらえ、当事者同士の関係改善を目的に相談者や関係者へ対応すること。」この文言は、FD研修や講演において私が最初に確認しておくことです。

「ハラスメントを許さない」という表現や「ハラスメントを撲滅する」というさらに強い言い方には、ハラスメントは悪意のある嫌がらせであり、心がけ次第でハラスメントはなくすことができ

るという前提があります。おそらく、教職員と全学生合わせて千人以下の大学コミュニティであれば、それも可能かもしれません。しかし、この規模の小中学校においてすら「いじめ」をなくせませんし、「いじめ」はないと言い切ることがかえって子どもたちへの学習権を守り、安全配慮義務を履行することとの障害になっています。北海道大学のような教職員と学生・大学院生、及び様々な雇用や契約形態の職員・研究員合わせて約三万人からなる社会では、組織規模に応じた人間葛藤や事件が発生し、そうした問題を解決する機能を大学が保持することは当然のことなのです。三万人からの構成員がハラスメント相談室の機能を活用して、教育や研究、職務環境の改善を図っている成果としてハラスメント相談件数があるという見方も可能です。ですから、ハラスメント相談の件数が増えれば大学に問題が多く、件数が減れば問題が減っているという単純な見方はできないのです。

もちろん、悪質なセクシャル・ハラスメントは近年減少しています。何がセクハラになるのかという理解がかなりの程度、大学コミュニティのメンバーに共有されたからです。心がけ次第で大学ではセクハラを激減させることができるでしょう。ところが、アカデミック・ハラスメントとなると、そう簡単ではないのです。

北海道大学規模のコミュニティとなると、下位コミュニティ（学部学科、研究室レベル）ごとに講義や演習、実験実習、フィールドワーク、実務ごとに様々なローカル・ルールがあります。私が勤務する文学部・文学院では卒論・修論・博論ともにテーマは自分で探し、本や資料は自分で買い求め、自費で学会や調査に出張することは自明のことです。そのうえ、就職の斡旋もありません（就職説明会や博士課程院生の企業就職へのトライなどはありますが）。こういう大学院になぜ行くのかといぶかしがる人もおられるでしょうが、ただ勉強が好きで進学したいという大学院生がおり、非情な教員に構うことなく独立自尊の気概を持って研究者になることを夢見る若者がいることも事実です。他方で、研究室単位で熱心な学生・院生の指導が行われる理系の学部・大学院では、学生・院生が自費で研究する、院生が最初から単著で論文を書く、就職の斡旋に研究室がまったく関わらないことは考えられないのではないでしょうか。極端な対比かもしれませんが、学問の方法や社会的需要、研究資金の使い方によって、教師―学生の関係、教員同士の関係は大いに異なったものとなります。事務職員であっても、学部や部署ごとにずいぶんと働き方が異なります。近年のように分野横断的な研究や教育、あるいは学部の再編や統廃合によって教職員の流動性が高まると、ローカル・ルールの葛藤が顕在化します。お互い、あたりまえのことをしているつもりなのですが、相手にとってあたりまえではないのです。

職場組織の歴史が比較的浅く、職員の流動性が高く、それぞれがプリンシプルとする様々なローカル・ルールが持ち込まれる場所では葛藤が日常茶飯事です。もう少し、わかりやすく言えば、日常的な生活においてしばしば誤解は発生しますが、その誤解が取り返しのつかない仕事上のミスや人間関係の破綻につながらないように、様々な意思疎通・確認の手段によって微修正を繰り返しながら、学びの場や仕事の場が維持されているのではないでしょうか。

ハラスメント相談をやりながら感じることは、相談者にしても加害者とされた人にしても、微修正のためのコミュニケーションが不足しているということです。加害者相当とされた人のなかには、ハラスメント相談室から突然電話が来て、事態に対する認識の相違に愕然とし、理解しがたい状況が生じていることに激怒されたり、精神的に参ってしまったりする人もいます。元々の相談者と加害者とされた人からの相談を同時に受けることがあるのですが、相談に訪れる人の多くは、不眠や不安、いらだちから軽いうつ的症状を訴えます。ハラスメント相談の第一の機能は、ハラスメントを受けたと表明せざるを得ない相談者の心境を理解し、心理的な葛藤を解きほぐして、具体的な問題解決の方向に向けていくことです。相手に対する処罰感情がそのままでは、相手や自分自身に対する怒りがおさまらず、何もできない状態が長く続くことで今度は無力感に転化しがちなので、どういうやり方であれば相手との関係が許容の範囲に収まるのか、一緒に模索していくことが第二の機能となります。そして、第三の機能として、加害者や関係者とされた人たちに葛藤が生じた理由を理解してもらい、対決ではなく環境改善に協力していただけるよう助言もしているところです。

アカデミック・ハラスメントで申し立てられた方の中には、元来言動に配慮がない人もいる一方で、教育や仕事への熱意が相手にうまく伝わらなかったり、大学環境の激変によって受けたプレッシャーやストレスをうまく処理しきれず、下位の人間に向けてしまったりした例も少なくありません。つまり、大学環境の構造的な問題として外的環境（グローバル化、文科省の強力な指導と大学間のサバイバル、高等教育関連予算の漸減）に呼応した内的環境の変化（教職員の人員削減と偏りのある過重労働、ダイバーシティの拡大によって生じるコミュニケーション不全の増加など）があります。こうした状況において大学教員は、研究上の高いパフォーマンスを求められる一方で、学生・院生、近年は学資支援者の高い教育期待に応えることも要請されています。ピリピリした余裕のない職場環境は、どうしても教員と学生、職員相互のコミュニケーション不足を生み出しがちであり、その結果としての人間葛藤であるハラスメント相談の増加が生じるという背景はおさえておきたいと思います。

ハラスメントは誰が責任を負って解決すべき問題か

以上、ながながとハラスメントが生じる構造と状況について述べてきました。このような構造を批判するだけでは何ら問題は解決しません。ローカル・ルールの改変もまた長時間を要します。それは遠大な目標とすべきことですが、相談室としては間近の問題解決に注力しています。どういう状況であれ、修復可能なコミュニケーションのチャネルがないかを探し、コミュニケーションへの動機付けや支援が必要ならそれを支援することで当事者による問題解決能力を高める地道な努力を継続しようと考えています。

アカデミック・ハラスメントの相談者には、「嫌でしょうが、目の前の嫌な相手と妥協できる地点を探し、大人として相手の人格に介入しない付き合い方のルールを双方で探りましょう」とまずは勧めたいと思います。そして、「あなたがハラスメントを受けてしまったのはあなたのせいではもちろんない。しかし、同時に、相手も故意にあなたを苦しめようとしたのではないかもしれない。そこらへんのところを一緒に話し合ってみませんか。」と仲介に入ります。ハラスメント相談によって事態が好転するというのはこういう働きかけによって、学びの場や仕事の場が少しだけ改善されることではないかと考えております。

参考文献

井口博・渡邊正著、高等教育情報センター編、二〇〇八、『キャンパスセクハラ対策の進化―事案争点と処分・裁判編（改正均等法による措置義務化と大学の対応責務　被害者救済手続きと加害者責任追及／処分後の「教育上の措置」勝訴）』地域科学研究会。

井口博・吉武清實著、高等教育情報センター編、二〇一二、『アカデミック・ハラスメント対策の本格展開―事案・裁判の争点／規程・体制の進化／相談・調整の要点』地域科学研究会。

井口博、二〇二〇、『パワハラ問題―アウトの基準から対策まで』新潮社。

弁護士法人飛翔法律事務所編、二〇一八、『改訂2版　キャンパスハラスメント対策ハンドブック』経済産業調査会。

北仲千里・横山美栄子、二〇一七、『アカデミック・ハラスメントの解決―大学の常識を問い直す』寿郎社。

平木典子、二〇一二、『アサーション入門―自分も相手も大切にする自己表現法』講談社。

第二章　国内外の大学におけるハラスメントの実態

第二章では、国内外の学術論文などを参照しながら、大学におけるハラスメントの実態について迫ります。まずはじめに、大学の構成員である学生と教職員はそれぞれどのようなハラスメントに遭遇しているのか、次に、どのぐらいの割合の学生と教職員がハラスメントの被害に遭っているのか、さらに、ハラスメントの被害に遭った学生と教職員のこころとからだにはどのような影響があるのか、最後に、ハラスメントの被害に遭った学生と教職員はどのような対処をしているのか、以上の四つのトピックについて概説します。特に国外では多くの調査研究が行われており、各々のテーマに関する先行研究を体系的にまとめた総説論文があるため、それらの知見を中心に紹介します。

本章の末尾では、前述のトピックを踏まえて、ハラスメントの被害に遭った学生と教職員がこころとからだの健康を保つための対処方策、さらには正確な実態把握の必要性と効果的なハラスメント対策について言及します。

1　学生と教職員が遭遇するハラスメント

大学の構成員である学生と教職員は、日々、同じ大学という環境に足を運んでいますが、学生は学問を修めるため、教職員はそれぞれの仕事に携わるためといったように、両者は大学に赴く目的も違えば、関わる相手、さらには相手との関係性も大きく異なります。そのため、同じ大学という環境で起こるハラスメントでありながら、学生と教職員では別の様相を呈します（一方で、共通しているところもあります）。両者が遭遇するハラスメントには、どのような共通点や相違点があるのでしょうか。まずはその概念から整理していきたいと思います。

大学という環境で見られるハラスメントの種類には、大きく分けてセクシャル・ハラスメント、アカデミック・ハラスメント、その他のハラスメントの三つがあり、各々のハラスメントは、その被害者と加害者の関係により、さらに細分することができます。代表的な二つのハラスメント（セクシャル・ハラスメント及びアカデミック・ハラスメント）について、被害者と加害者の関係から、整理をしたものが表２－１になります。

セクシャル・ハラスメント

表２－１の左半分、ハラスメントの種類の中のセクシャル・ハラスメントで区切られた概念について見ていきましょう。

表 2-1　学生と教職員が遭遇するハラスメントの分類

ハラスメントの種類	セクシャル・ハラスメント		アカデミック・ハラスメント	
加害者／被害者	学生	教職員	学生	教職員
学生	セクシャル・ハラスメント	セクシャル・ハラスメント	アカデミック・ハラスメント	アカデミック・ハラスメント
教職員	コントラパワー・ハラスメント	セクシャル・ハラスメント	コントラパワー・ハラスメント	アカデミック・ハラスメント※

※　一般的な呼称はパワー・ハラスメント

セクシャル・ハラスメントは、「性的な嫌がらせ」を指す言葉です。国立大学法人北海道大学（以下、「本学」）のハラスメント防止規程の定義では（相手を）「不快にさせる性的な言動」になります。

そのようなセクシャル・ハラスメントについて、学生は同じ学生から被害を受ける場合と教職員から被害を受ける場合の二つのパターンがあります。同様に、教職員も同じ教職員から被害を受ける場合と学生から被害を受ける場合があります。

セクシャル・ハラスメントの概念が生まれた黎明期には、〈加害者―被害者〉の構図として、〈職場内で強い立場の男性―職場内で弱い立場の女性〉といった人間関係のありようにその特徴がありました。しかし、時代の変化とともに、特定の性別や権力関係を超えた概念へと変遷していきました。職場におけるセクシャル・ハラスメントについて、厚生労働省が告示した指針においても「なお、職場におけるセクシュアルハラスメントには、同性に対するものも含まれるものである。また、被害を受けた者（略）の性的指向又は性自認にかかわらず、当該者に対する職場におけるセクシュアルハラスメントも、本指針の対象となるものである」「当該言動を行う者には、労働者を雇用する事業主（略）上司、同僚に限らず、取引先等の他の事業主又はその雇用する労働者、顧客、患者又はその家族、学校における生徒等もなり得る」との記載があり、被害者や加害者となる対象が拡張されています（平成一八年厚生労働省告示第六一五号、令和二年六月一日適用）。

本章では右記に倣って、学生が学生及び教職員から「性的な嫌がらせ」を受けた場合、ならびに教職員が教職員から「性的な嫌がらせ」を受けた場合は、セクシャル・ハラスメントといった分類を行っています。他方、教職員が学生から「性的な嫌がらせ」を受けた場合、国内において一般に広まっている概念ではありませんが、コントラパワー・ハラスメント（contrapower harassment）といった概念を用いたいと思います。

コントラパワー・ハラスメント

コントラパワー・ハラスメントは、一九八四年にベンソン（Benson, K.）により、女性の教授が学生からセクシャル・ハラスメントを受けるといったように、表向きには被害者が加害者に対してパワー（権力）を持っている場合に生ずるセクシャル・ハラスメントを指す概念として提唱されました（Benson, 1984）。

ハラスメント相談において、教職員が学生から「性的な嫌がらせ」の被害を受けるという事案は、数は少ないながらも存在しています。しかしながら、国内においては、俎上に載せられることはほとんどないように思われ、メディアなどでも、大学内で立場の強い教職員から立場の弱い学生に対するセクシャル・ハラスメントがセンセーショナルに報道されることが大半です。そこで、大学におけるハラスメントの実態を多角的に捉えるためにも、コントラパワー・ハラスメントという耳新しい概念を使用したいと思います。

アカデミック・ハラスメント

続いて、表2－1の右半分、ハラスメントの種類の中のアカデミック・ハラスメントで区切られた概念について見ていきましょう。

アカデミック・ハラスメントについて、御輿（二〇一五）は「研究教育に関わる優位な力関係の下で引き起こされる理不尽な行為」と定義しています。本学では「職務上、修学上又は研究上の優越的地位を不当に利用して、（略）職務上、修学上若しくは研究上の権利を侵害し、又は人格を辱める言動のうち、セクシュアル・ハラスメント以外のもの」と定義しています。

アカデミック・ハラスメントについても、セクシャル・ハラスメントと同様に、学生は同じ学生から被害を受ける場合と教職員から被害を受ける場合の二つのパターンがあり、教職員も同じ教職員から被害を受ける場合と学生から被害を受ける場合があります。

まずは、被害者が学生であるパターンから見ていきましょう。学生は大学で学問を修めるために教員から教えを請うという立場にあり、教員は学生の成績評価を行う立場にあることから、両者の立ち位置は対等ではありません。そのため、立場の弱い学生が立場の強い教職員から被害を受けるという構図は、先に述べたアカデミック・ハラスメントの定義どおりです。

それでは、学生が同じ学生から被害を受けるという場合はどうでしょうか。学生同士のアカデミック・ハラスメントという構図は、前述した「研究教育に関わる優位な力関係の下」という捉え方にはそぐわないケースもあることから、見解が分かれるところです。

ハラスメント相談において、いわゆる「学生同士のいじめ」の問題の解決を求めて、学生が相談室の扉をノックすることがあります。その中には、学生間の〈加害者―被害者〉の関係として、〈学年や年齢が上の学生―下の学生〉〈研究室やサークルなどに所属する期間が長い学生―短い学生〉〈専門的な知識や経験が豊富な学生―少ない学生〉〈集団内の多数派の学生―集団から孤立している学生〉といったような不均衡なパワー（権力）・バランスを背景とした、いじめの相談が含まれることがあります。学生間のいじめの問題の全てに、そのような背景があるとは限りませんが、大方は〈教職員―学生〉と同様の不均衡な力関係を内包していることから、本章においては、学生同士のハラスメントもアカデミック・ハラスメントに分類したいと思います。

次は、被害者が教職員であるパターンについて見ていきます。教職員が同じ教職員から被害を受けるという場合はどうでしょうか。この場合の〈加害者―被害者〉の構図として、教員であれば〈教授―准教授〉、職員であれば〈課長―係長〉といったような職位が上の教職員から下の教職員に対して、または〈経験や専門的な知識が豊富な教職員―少ない教職員〉〈当該組織の所属年数が長い教職員―短い教職員〉といったように、パワー（権力）・バランスの不均衡を背景にしたハラスメントが起こることは、想像に難くないと思います。

一般的に、同じ職場内の優越的な関係を背景とした言動に起因する問題は、パワー・ハラスメントと呼ばれます（令和二年一月一五日厚生労働省告示第五号）。そのため、多くの大学において、教職員同士のハラスメントは、パワー・ハラスメントと定義しています。しかし、大学という特殊な環境で起こるハラスメントであることを踏まえて、教職員が同じ教職員から受けるパワー・ハラスメントもアカデミック・ハラスメントと分類したいと思います。

では、教職員が学生からハラスメントの被害を受けるという場合はどうでしょうか。先に述べたように教職員は形式上、学生よりも強い立場にあることから、「研究教育に関わる優位な力関係の下」といった定義と矛盾し、アカデミック・ハラスメントと分類することはできません。

国外においては、こちらのパターンのハラスメントも、コントラパワー・ハラスメント、もしくはアカデミック・コントラパワー・ハラスメント（academic contrapower harassment）といった呼び方をすることがあります。前述のとおり、ベンソンによって提唱されたコントラパワー・ハラスメントは、当初、性的な言動のみに焦点が当てられ研究が行われていました。その後、次第に、無礼な振る舞い（「インシビリティ」として後述）、いじめ、攻撃的・脅迫的な言動、セクシャル・ハラスメントなど様々な問題となる言動を含む概念として研究が行われています。こうした概念の変遷に準じて、以後、教職員が学生から受けるセクシャル・ハラスメントを含む種々のハラスメントをコントラパワー・ハラスメントとして切り出して分類したいと思います。

大学におけるコントラパワー・ハラスメントについては、その背景要因として、学生の消費者としての意識の高まりなどが指摘されています(May & Tenzek, 2018)。大学の教職員は、教育サービスの受け手(顧客)である学生またはその保護者から、様々な要望を受けることがありますが、ときに、その消費者としての意識の高さゆえに、教職員に対する迷惑行為と思料されるような行き過ぎた事案を見聞きすることがあります。昨今、このような消費者である顧客らからサービスの提供者に対する著しい迷惑行為(暴行、脅迫、ひどい暴言、著しく不当な要求など)を意味する「カスタマー・ハラスメント」という言葉が流布しており、耳にしたことがある方も多いのではないでしょうか。カスタマー・ハラスメントに対しては、近年、相談に応じ、適切に対応するための体制の整備や被害者への配慮の取組を行うことが望ましいこと、また、被害を防止するための取組を行うことが有効である旨が定められました(令和二年一月一五日厚生労働省告示第五号)。コントラパワー・ハラスメントのひとつの姿と思われるカスタマー・ハラスメントについて、前述の指針の通り、大学として有効な対策を講じることが求められていることから、これまで光が当てられてこなかったコントラパワー・ハラスメントについても、なおいっそう注意の目を向けていく必要があると思われます。

その他のハラスメント

その他のハラスメントは、本学では「人権を侵害する不適切な言動」と定義しています。この定義からも明らかなように、その他のハラスメントは、多種多様なものを含むため、本学のハラスメント相談室にも学生や教職員から、様々な不適切な言動に関する相談が寄せられます。

近年、大学という環境において認められるハラスメントは、先に挙げた二つのハラスメントに留まらず、モラル・ハラスメント、アルコール・ハラスメント、新型コロナウイルス感染症に関わるハラスメント、オワハラ（就活終われハラスメント）、SOGI《ソジ》（Sexual Orientation and Gender Identity）ハラスメント、及びレイシャル・ハラスメントなど、種々雑多なハラスメントが問題になっている現状があります（中川　二〇二〇）。どのハラスメントも大学における重要な問題や課題を投げ掛けていますが、全てのハラスメントの問題に言及するには紙幅が足りませんので、本章では割愛します。

インシビリティ

本節の最後に、ハラスメントに近接した概念として、近年注目されている「インシビリティ（incivility）」について紹介します。一九九九年にアンダーソン（Anderson, L.）とピアソン（Pearson, C.）がワークプレイス・インシビリティ（workplace incivility）として提唱した概念です。

アンダーソンらによると、ワークプレイス・インシビリティとは、職場において互いに尊重し合うといった多くの人に認められた行動様式に反する言動で、具体的には相手のことを軽視するような「失礼な振る舞い」を指します（Anderson & Pearson, 1999）。このようなインシビリティは、ハラスメントよりも職場に広く蔓延しており、インシビリティを体験した人はもちろんのこと、目撃した人の感情・認知・行動面にも多大な悪影響を及ぼすことがわかっています（Schilpzand et al., 2016）。

失礼な振る舞いを指すインシビリティですが、具体的にはどのような言動を指すのでしょうか。インシビリティを測定する際には、次のような七つの質問項目について尋ねていきます（櫻井 二〇一四）。

①あなたをやり込めたり、見下したりする。
②あなたの発言に無関心であったり、意見に対して興味を示さない。
③あなたの自尊心を傷つけたり、あなたに関して悪意のあることを言う。
④私的または公然とあなたのことを不適切な呼び方で呼ぶ。
⑤職場仲間の集まりからのけ者にしたり、無視したりする。
⑥あなたが任されている仕事であることに対してでも、あなたの判断を疑う。
⑦あなたが望まないにもかかわらず、個人的な話に付き合わせる。

七つの中で、その問題性が客観的に明白な言動として、「④私的または公然とあなたのことを不適切な呼び方で呼ぶ」が挙げられます(反対にその他六つの言動については、問題性を客観的な裏付けをもって明らかにしていくことが難しい言動になります)。

大学においても、教員が学生に対して、または上司である教職員が部下の教職員に対して、名字や名前を呼び捨てにする、ニックネーム、「お前」「あんた」「おい(あえて氏名で呼ばない)」といった適切とは思われない呼び方をしている研究室や職場があります。ハラスメント相談室にも、そのような呼び方についての相談が寄せられたり、不適切な呼び方とセクシャル・ハラスメントまたはアカデミック・ハラスメントが組み合わさった問題の相談が持ち込まれたりすることがあります。このようにインシビリティが存在する環境では、ハラスメントが発生しやすい、といった実態があります。

インシビリティについては、職場の領域に留まらず、近年、教育研究環境においても関心が寄せられており、先に述べたコントラパワー・ハラスメントに含まれること、さらには後述する医学生などへのアカデミック・ハラスメントに関する研究の中でも調査対象とされていることから、本章においても重要な概念として取り上げていきます。

2　ハラスメントを経験する割合

本節では、どのぐらいの割合の学生と教職員がハラスメントの被害に遭っているのか見ていきたいと思います。

なお、本節以後、大学の教職員について、学術論文内の記載を厳密に示すため、教授、准教授などの職にある構成員を指す場合は「教員」、教員ではない大学職員(例えば事務系職員、技術系職員など)を「職員」、教員と職員の両者が混在している場合は「教職員」として、三つを区別して記載します。

学生がセクシャル・ハラスメントの被害に遭う割合

まず、学生がセクシャル・ハラスメントの被害に遭う割合から見ていきましょう。

学生のセクシャル・ハラスメントに関する研究は、国外で数多く行われています。近年の総説論文によると、学生がセクシャル・ハラスメントの被害に遭う割合は、平均して女子学生の四人に一人(二五%)との報告があります(Bondestam & Lundqvist, 2020)。しかしながら、当該論文で収集された調査結果は、様々な研究デザインで実施されたものであるため、別の総説論文では、学生がセクシャル・ハラスメントを経験する割合は、九%から九七%の範囲にある、といった報告もあり、その数字は研究により大きな幅があることも事実です(Klein & Martin, 2021)。

国内の報告では、学部生のおおよそ三人に一人(三五・四%)の学生がセクシャル・ハラスメントを経験しており(北口ら 二〇一九)、大学院の女子学生の二七・八%、男子学生の二・二%がセクシャル・ハラスメントを経験している、とされています(中丸ら 二〇〇一)。

では、どのような学生が、セクシャル・ハラスメントの被害に遭いやすいのでしょうか。国外の研究からは、女子学生、性的マイノリティの学生が、セクシャル・ハラスメントの被害を受けるリスクが高いことがわかっています(Klein & Martin, 2021)。また、工学系及び医学系の女子学生は、その他の分野に所属する女子学生と比べて、在学中により多くのセクシャル・ハラスメントに遭遇しているといった報告もあります(National Academies of Sciences, Engineering, and Medicine et al., 2018)。

また、同じ学生からセクシャル・ハラスメント被害を受ける場合と教職員から受ける場合の二つのパターンがありますが、その割合に違いは見られるのでしょうか。アメリカの大学で実施された研究によると、一九%の学生が教職員からのセクシャル・ハラスメントを、三〇%の学生が同じ学生からのセクシャル・ハラスメントを経験しているとの報告があります(Wood et al., 2021)。同研究では、大学院生は、教員及び職員からセクシャル・ハラスメントを受けるリスクが高く、学部生は学生からのセクシャル・ハラスメントを受けるリスクが高いことが指摘されています。学部生と大学院生でそのリスクが異なる要因として、多人数で行われる授業に参加することが多い学部生は、学生同士の接点が多いため、一方、専門性を深めていくために教員から密度の濃い指導を受けることが多い大学院生は、教員と接する時間が多いがゆえであると考えられます。国内においても、授業とサークル活動などに勤しみ、教員よりは学生同士の交流が多い学部生と、指導教員と研究室に所属する限られた学生と研究活動に専念することが多い大学院生では、日々の生活の中で関わる相手が異なることから、アメリカの研究と同様の傾向が認められるものと思われます。

学生がアカデミック・ハラスメントの被害に遭う割合

まずは、学生同士のアカデミック・ハラスメントの割合から見ていきましょう。

国内外を問わず、小学校や中学校、または職場におけるいじめやハラスメントについては、深刻な問題として広く認識されているものの、大学における学生同士のいじめやハラスメントの実態について調査された研究は少なく、知見に乏しいのが実情です。

国内に目を向けて見ても、小学校・中学校・高等学校及び特別支援学校における「いじめの認知件数」は文部科学省による調査(児童生徒の問題行動・不登校等生徒指導上の諸課題に関する調査)において毎年度発表されていますが、高等教育機関の一つである大学の学生を対象とした「いじめ」に関する調査はなく、その実態はわかっていません。

国外においては、二〇一七年の総説論文によると、平均して約二〇—二五%の学生が、同じ学生からいじめの被害を受けているといった報告があります(Lund & Ross, 2017)。同研究は、いじめの加害者については男性の割合が高いものの、いじめの被害者に関しては、性差は見られなかったと報告しています。

国内の研究では、約半数（四五―四八％）の学生がいじめやいじめの類似行為があると回答しており（四辻ら　二〇〇三、二〇一一）、また別の研究では、大学二・三年生の約四割の学生がいじめ被害に遭っているといった報告があります（遊間　二〇一四）。

以上のような報告から、大学における学生同士のいじめとしてのアカデミック・ハラスメントも比較的高い割合で発生していることがわかります。文部科学省による調査によると、いじめの問題は、小学校でピークを迎え、その後、中学校・高等学校となだらかに減少していきますが、高等学校の先にある大学に至ると底をつくというものではなく、大学においても切れ目無く続いているものと思われます。

次に、学生が教職員からアカデミック・ハラスメントの被害を受ける割合について見ていきたいと思います。

国外において、このテーマに関する総説論文は見当たらなかったため、二〇〇〇年代以降に実施された研究について紹介していきます。

アメリカの大学で実施された調査からは、一七・六―一九・二％の学生が、少なくとも一度は教員からのアカデミック・ハラスメントを受けたとの報告があります（Chapell et al., 2004, Chapell et al., 2006, Marraccini et al., 2015, Marraccini et al., 2018）。また、アルゼンチン、エストニア、フィンランド、アメリカの四つの国の複数の大学からデータ収集を行った研究によると、大学関係者から「少なくとも時々いじめられたことがある」と答えた学生は、エストニアが一六・二％と最も多く、次いでアルゼンチンが九・五％、アメリカが八・九％、そして最も少なかったのはフィンランドの六・五％といった報告があり、国によりアカデミック・ハラスメントに遭遇する割合に違いがあることがわかっています（Pörhölä et al., 2020）。

学生のみを対象とした研究ではありませんが、*Science* や *Nature* など自然科学系学術雑誌の広告などで呼び掛けられた大学院生や博士研究員、さらには教員や大学職員に対して、Academic bullying（大学におけるいじめ）の有無について尋ねたところ、八四％の参加者がいじめを受けたことがある、と回答した、といった報告もあります（Moss & Mahmoudi, 2021）。同研究の著者らは、いじめを目撃・体験した参加者は、そうでない者に比べてアンケートに回答する確率が高いと考えられることから、結果にバイアスがかかっていることを示唆していますが、それでも大学におけるアカデミック・ハラスメントの実態を示すセンセーショナルなデータといえます。

国内の研究では、大学院生の一八％が教員からのハラスメントを経験しているとのデータがあります（小田部ら　二〇一〇）。

このように、学生が教員から受けるアカデミック・ハラスメントについては、国内外で少しずつ知見が集積されるようになりました。国外においても、セクシャル・ハラスメントに比べて研究が少ないアカデミック・ハラスメントですが、学生が教職員からハラスメントの被害を受けるという事象は、近年になって認知されるようになってきたのでしょうか。

Medical Student Abuse（医学生が受ける不当な待遇）

アメリカにおいては、医学部の学生を対象としたハラスメントや差別に関する調査が、一九八〇年代初頭から現在に至るまで、四〇年以上に渡って数多く実施されてきました。その始まりは、一九八二年のシルバー（Silver, H.）の指摘まで遡ります。

シルバーは、医学部の新入生が、ストレスフルな環境から次第に悲観したり、落ち込んだりしていく様子について触れる中で、そのような医学生の情緒的な変化が、親から虐待を受けた子どもの変化と類似していることから「medical student abuse（医学生が受ける不当な待遇）」と命名しました（Silver, 1982, 小林ら　二〇〇七）。シルバーにより示された「medical student abuse」の具体的な言動としては、「言葉による不当な待遇（verbal abuse）、身体へ及ぶ不当な待遇（physical abuse）、学業に関する不当な待遇（academic abuse）、セクシャル・ハラスメント、性差別、人種差別など」が挙げられています（小林ら　二〇〇七）。

医学生の受けるハラスメントや差別に関する複数の調査について解析（メタアナリシス）を行った研究によると、医学生の五九・六％が何らかのハラスメントや差別を経験していることが報告されています（Fnais et al., 2014）。同研究には、六八・五％の医学生が実習中に「medical student abuse」を受けている、といった国内のデータも含まれています（Nagata-Kobayashi et al., 2006）。

また、医学部以外でも、看護、歯学、理学療法など医療に携わる専門職を養成する分野で、同様のハラスメントや差別に関する調査が行われており、学生がハラスメントの被害に遭う割合として、看護学生で九一九六%(Fernández-Gutiérrez & Mosteiro-Diaz, 2021)、歯科学生で三四・六%(Rowland et al., 2010)、理学療法学生で二五%(Stubbs & Soundy, 2013)といった報告があります(セクシャル・ハラスメントやインシビリティなどの言動が含まれている研究もあります)。

シルバーは、「medical student abuse」の問題性を取り上げた際、「abuse」は医師になる上で必要なものと考える医学部の一部の教員の見解も併記しています。四〇年以上も前から、医学部ひいては医療に携わる専門職を養成する学部において同様の問題が継続しているということは、人の命を扱うという責任上、医療専門教育における学生の指導には、封建的な徒弟制度が必須であるとの認識が未だに根強いのかもしれません。しかしながら、「medical student abuse」は、子どもへの虐待が世代を超えて親から子へと連鎖してしまうのと同様に、虐待されたことのある者が、将来他者を虐待することにつながる「世代を超えた負の遺産(transgenerational legacy)」である、といった指摘もあり、看過できない影響力をもっています(Kassebaum & Cutler, 1998)。

ハラスメント相談の場面において、ハラスメントの加害を行った教員が、自身も学生時代に指導教員からハラスメントを受けたといった体験を述懐することがあります。そのようなケースは医学部の教員に留まらないことから、大学においては「世代を超えた負の遺産」が、学部の垣根を超えて、広く教育研究環境に伏流しているのではないでしょうか。その結果、何世代にも渡って教員から学生に対するアカデミック・ハラスメントが繰り返されている、といった憶測もあながち間違っていないのかもしれません。

教職員がセクシャル・ハラスメントの被害に遭う割合

続いて、教職員がセクシャル・ハラスメントの被害に遭う割合について見ていきましょう。

アメリカの職場におけるセクシャル・ハラスメントの発生率に関する複数の調査について解析（メタアナリシス）を行った研究によると、大学に勤める女性教職員の五八％がセクシャル・ハラスメントを経験しているとの結果が示されています。また、同研究からは、大学の教職員は、軍人（六九％）に次いで、セクシャル・ハラスメントの被害に遭う頻度が高いことが示されています（Ilies et al., 2003）。

国内の研究では、女性教員の一〇・四％、男性教員の五・二％がセクシャル・ハラスメントを経験しているとの報告があります（Takeuchi et al., 2018）。

また、大学の教職員が、セクシャル・ハラスメントの被害を受けるリスクとして、若い女性、不安定な雇用条件の女性、特定のマイノリティ（民族性や性的指向・性自認）などの属性があることが指摘されています（Bondestam & Lundqvist, 2020）。

教職員がアカデミック・ハラスメントの被害に遭う割合

まず初めに、教職員の内、教員のデータから見ていきましょう。

国外の文献によると、教員の約二五％が調査前一二カ月の間にアカデミック・ハラスメントを受けたことがあると答え、さらに四〇—五〇％がほかの人がアカデミック・ハラスメントを受けているのを目撃したことがある、と答えています(Keashly, 2019)。

国内の研究では、女性教員の三四％、男性教員の二三・四％がアカデミック・ハラスメントを経験しているとのデータがあります(Takeuchi et al., 2018)。

教員同士のアカデミック・ハラスメントは、同僚教員によって起こることが最も多く、その大部分は上位の地位にある教員からのものであること、さらには非常に長く続くものであることから、学問の世界から完全に離れない限り、抜け出すことは困難であるといった指摘もあります(Keashly, 2019)。

続いて、職員の場合はどうでしょうか。アメリカの大学職員を対象とした研究によると、回答者の六二％が、調査前一八カ月以内に職場でハラスメントを受けた、またはハラスメントを目撃したことがあると報告しています(Hollis, 2015)。ハラスメントの加害者としては、常勤の教員、役員、学部長の割合が高いことが示されています。

先にあげた文献(Keashly, 2019)によると、ハラスメントの発生頻度を大学の構成員毎に比較すると、職員が遭遇するハラスメントの割合は、教員のそれと比べて高いことがわかっています。その理由として、職員は大学内のすべての構成員(学生、教員及び職員)に対して、支援やサービスを提供する立場にあることから、より多くの相手に対して弱い立場に陥ることがあるからではないか、といった点が示唆されています。

教員がコントラパワー・ハラスメントの被害に遭う割合

アメリカの教員（教授）を対象とした研究において、キャリアを通して、女性教員の九六％、男性教員の九九％が少なくとも一回は学生からのインシビリティやいじめを経験し、女性教員の二六％、男性教員の三七％が学生からの望まない性的注目を経験しているとの報告があります（Lampman et al., 2009）。別の研究では、過去二年間で、七二％の教員が学生からのハラスメント行為を少なくとも一回経験したと報告しています（DeSouza, 2011）。また、教授の九一％が少なくとも一種類のインシビリティやいじめを、二五％が望まない性的注目を、一—二％が暴力を受けたり、暴力をふるうと脅されたと報告しています（Lampman, 2012）。さらには、教授の半数以上が、学問的なキャリアの中で少なくとも一回は重大なコントラパワー・ハラスメントを経験しているといった研究もあります（Lampman et al., 2016）。

では、どのような教員がコントラパワー・ハラスメントに遭遇しやすいのでしょうか。前述した文献によると、学生は、女性、人種的・民族的マイノリティ、ＬＧＢＴＱの教員に対して非礼な態度をとったり、いじめをしたりする傾向があるとの指摘があります（Keashly, 2019）。

以上の内容について表2－2に整理しました。これを見ると、学生・教職員ともにハラスメントの被害に遭遇することは決して珍しい事態ではなく、比較的高い割合であることがわかります。

一方で、これまで紹介をした国外の総括論文の多くで、各研究によりその数字に大きなバラツキがあることが言及されていることから、その割合について額面通りに受け取ることには注意が必要

表 2-2　国外の学生と教職員がハラスメントの被害に遭う割合

ハラスメントの種類	セクシャル・ハラスメント		アカデミック・ハラスメント	
加害者／被害者	学生	教職員	学生	教職員
学生	セクシャル・ハラスメント 25%（女性）		アカデミック・ハラスメント 20-25%	アカデミック・ハラスメント 6.5-19.2%
教職員	—	セクシャル・ハラスメント 58%（女性）	コントラパワー・ハラスメント 約 50-99%	アカデミック・ハラスメント 約 25%

（出典） Bondestam & Lundqvist, 2020、Lund & Ross, 2017、Chapell et al., 2004、Chapell et al., 2006、Marraccini et al., 2015、Marraccini et al., 2018、Porhola et al., 2020、Ilies et al., 2003、Keashly, 2019、Lampman et al., 2009、DeSouza, 2011、Lampman, 2012、Lampman et al., 2016 を元に筆者作成。

です。その中でも、セクシャル・ハラスメントとコントラパワー・ハラスメントの二つのハラスメントの発生頻度について解釈をする際には、次のような点に注意が必要になります。

まず、セクシャル・ハラスメントですが、国外の研究でセクシャル・ハラスメントの頻度を測定する際には、アメリカのフィッツジェラルドらによって開発されたSexual Experiences Questionnaire(SEQ)が広く用いられています(Fitzgerald et al., 1988)。SEQでは、セクシャル・ハラスメントを次の三つのカテゴリーに分類しています(Fitzgerald et al., 1995, Gelfand et al., 1995, 宗方 二〇〇一)。

①ジェンダー・ハラスメント(gender harassment)：最も一般的に報告される性に関わる不快な行動であり、敵意を含んだ、不快な、女性

蔑視の態度を伝達する言語的、身体的、象徴的な行動から成り立つ。
②望まない性的注目(unwanted sexual attention)：受け手が望まない非相互的な性的注目(性の対象として注目されること)のことである。
③性的強要(sexual coercion)：文字通り性的関係の強要を意味する。

この三つのカテゴリーの内、「②望まない性的注目」「③性的強要」の二つについては、性欲に関わる問題言動であるため、セクシャル・ハラスメントであることは論を俟ちません。

ここで注目をしたいのが、ジェンダー(gender)という社会的な性別を表すことばを冠する「①ジェンダー・ハラスメント」です。ジェンダー・ハラスメントの概念について詳しく見ていきましょう。

ジェンダー・ハラスメント

宗方(二〇〇二)によると、ジェンダー・ハラスメントとは、「性別に基づく差別的な言動や、女性を一人前扱いしない発言などによる嫌がらせ」のことであり、具体的な言動としては「『男(女)のくせに』『この仕事は女性には無理』などの発言」「服装、髪型、化粧などについての意見」などが挙げられています。このようなジェンダー・ハラスメントについては、国内の現状に目を向けると、セクシャル・ハラスメントに「含まれるのか」「含まれないのか」意見が分かれています。

厚生労働省が、職場におけるセクシャル・ハラスメントについて告示した指針の中において、「性的な言動」として列挙されている具体例の中には、性欲に関わる問題言動のみが取り上げられており、性別に関するジェンダー・ハラスメントは含まれていません。同指針の中では「その際、職場におけるセクシュアルハラスメントの発生の原因や背景には、性別役割分担意識に基づく言動もあると考えられ、こうした言動をなくしていくことがセクシュアルハラスメントの防止の効果を高める上で重要であることに留意することが必要である」(平成一八年厚生労働省告示第六一五号、令和二年六月一日適用)との記載に留まっています。

一方で、国家公務員のセクシャル・ハラスメントの防止等に関する取り決めを定めている「人事院規則10－10」の中には、ジェンダー・ハラスメントに関する記載が認められ、その取り扱いが異なります。具体的には、「人事院規則10－10　別紙第1　セクシュアル・ハラスメントをなくするために職員が認識すべき事項についての指針」において、「セクシュアル・ハラスメントになり得る言動」として「性別により差別しようとする意識等に基づくもの」の項目が設けられ、その具体的な言動として「『男のくせに根性がない』、『女には仕事を任せられない』、『女性は職場の花でありさえすればいい』などと発言すること」「『男の子、女の子』、『僕、坊や、お嬢さん』、『おじさん、おばさん』などと人格を認めないような呼び方をすること」が挙げられています。

本学においても、人事院規則10－10と同様、「ハラスメントの防止に関するガイドライン」の中で「女性を男性の補助者であると見なすなどの性差別の意識による不適切な言動についても、セクシュアル・ハラスメントに含まれます」といったように、ジェンダー・ハラスメントをセクシャル・ハラスメントの一部として取り扱っています。また、国内の多くの大学においても、規程や指針（ガイドライン）の中で、同様の傾向が認められます。

このように、国内において、ジェンダー・ハラスメント概念の取り扱いは一様ではありませんが、国外においてはジェンダー・ハラスメントを含むＳＥＱが、セクシャル・ハラスメントを測定する最も標準的な手法であると推奨され、数多くの研究で使用されています。ＳＥＱを用いたアメリカの大学の学生と教職員を対象としたセクシャル・ハラスメントの調査において、先の三つのカテゴリーの中でジェンダー・ハラスメントの頻度がほかの二つに比べて高く、ジェンダー・ハラスメントが最も一般的なセクシャル・ハラスメントであると述べられています（National Academies of Sciences, Engineering, and Medicine et al., 2018）。

そのため、国外の調査におけるセクシャル・ハラスメントの割合を解釈する際には、測定をしているのはジェンダー・ハラスメントを含んだセクシャル・ハラスメントの可能性が考えられること、加えてジェンダー・ハラスメントがセクシャル・ハラスメント頻度の割合を押し上げている可能性があることを考慮に入れる必要があります。

コントラパワー・ハラスメント

先にあげたランプマン（Lampman et al., 2009）は、コントラパワー・ハラスメントの研究をするにあたり、その測定方法を開発することから始めました。まずは教員に対して、学生の「失礼な」「敵意のある」「ハラスメント的な」「取り乱される」言動についてインタビューを行い、コントラパワー・ハラスメントについて測定をするための質問項目を作成していますが、その質問項目のカテゴリーの一つに「incivility-bullying（インシビリティといじめ）」があります。その後の調査においても、上記の質問項目をベースにした測定方法が用いられています。したがって、コントラパワー・ハラスメントを測定する際には、インシビリティ被害に該当する体験の有無について尋ねられていることになります。

そのインシビリティですが、ハラスメントに比べて高い割合で認められることがわかっています。国外の調査によると、九八％の労働者がインシビリティを経験し、また五〇％の人が少なくとも週に一回、同様の経験をしているとされています（Porath & Pearson, 2013）。

七六頁・表2－2で、ほかのハラスメントに比べて、コントラパワー・ハラスメントの割合が突出して高い数値になっているのは、インシビリティ被害の頻度の高さが関係していることが示唆されます。

3　ハラスメントの被害に遭ったことによるこころとからだへの影響

本節では、ハラスメントが、被害に遭った学生と教職員のこころ、からだ、及びその生活に、い

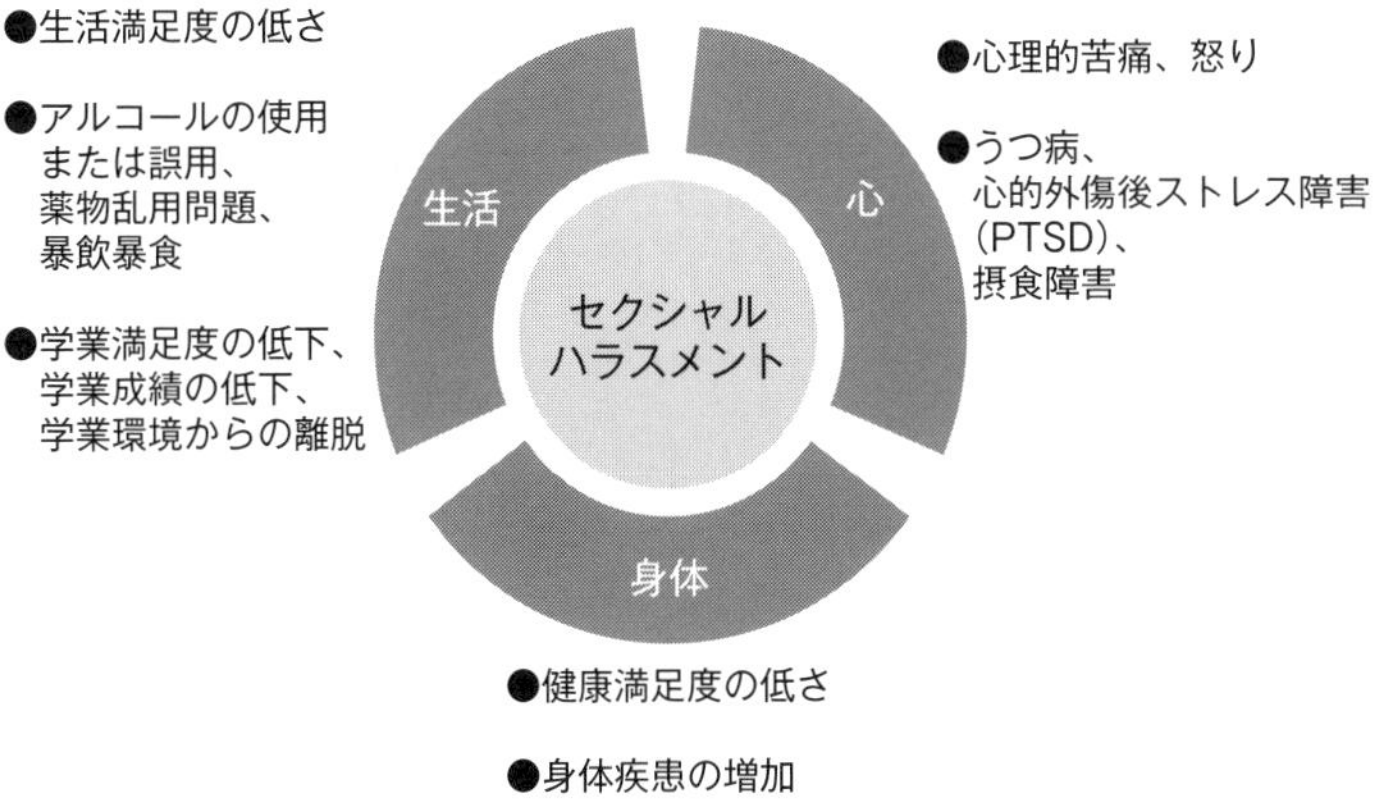

図 2-1　学生がセクシャル・ハラスメントの被害に遭ったことによるこころとからだへの影響

（出典） Klein & Martin, 2021 を元に筆者作成。

かに大きな影響を及ぼしているのか詳しく見ていきたいと思います。

学生がセクシャル・ハラスメントの被害に遭ったことによるこころとからだへの影響

まずは、学生がセクシャル・ハラスメントの被害に遭遇した場合に起こる影響を、図２－１にまとめました。（Klein & Martin, 2021）。これによると、こころへの影響としては、「心理的苦痛」「怒り」「うつ病」「心的外傷後ストレス障害（ＰＴＳＤ）」「摂食障害」が、からだへの影響としては、「健康満足度の低さ」「身体疾患の増加」が、生活への影響としては「生活満足度の低さ」「アルコールの使用または誤用」「薬物乱用問題」「暴飲暴食」「学業満足度の低下」「学業成績の低下」「学業環境からの離脱」などが挙げられています。

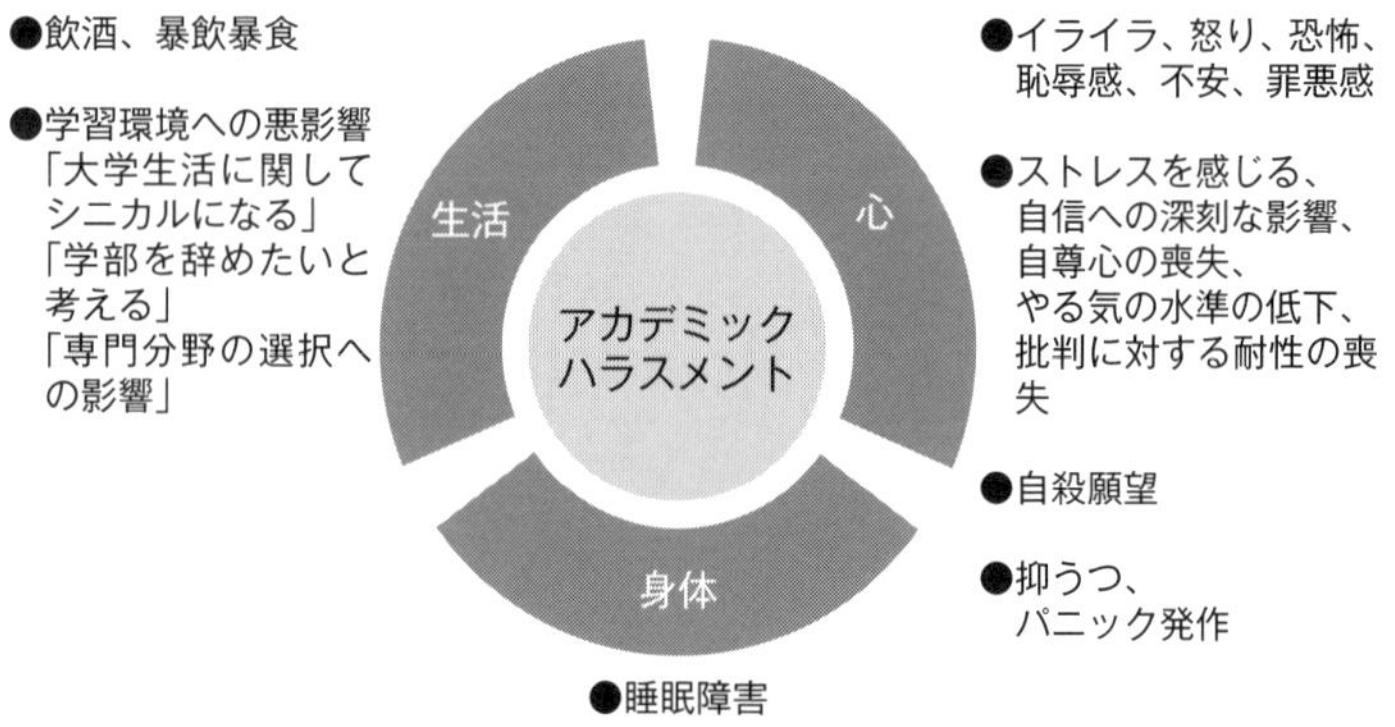

図 2-2　学生がアカデミック・ハラスメントの被害に遭ったことによるこころとからだへの影響

（出典）Barrett & Scott, 2015、Fernández-Gutiérrez & Mosteiro-Diaz, 2021 を元に筆者作成。

学生がアカデミック・ハラスメントの被害に遭ったことによるこころとからだへの影響

続いて、学生がアカデミック・ハラスメントの被害に遭遇した場合に起こる影響について見ていきましょう。

前節で述べたとおり、学生のアカデミック・ハラスメント被害に関する知見は、他のハラスメントに比べて数が限られています。そこで、医学生や看護学生が教職員などから受けたインシビリティを含むアカデミック・ハラスメント(medical student abuse：医学生が受ける不当な待遇)に関する総説論文から、こころとからだへの影響についての記載を参照したいと思います(図2－2)。

こころの影響としては、「イライラ」「怒り」「恐怖」「恥辱感」「不安」「罪悪感」「ストレスを感じる」「自信への深刻な影響」「自尊心の喪

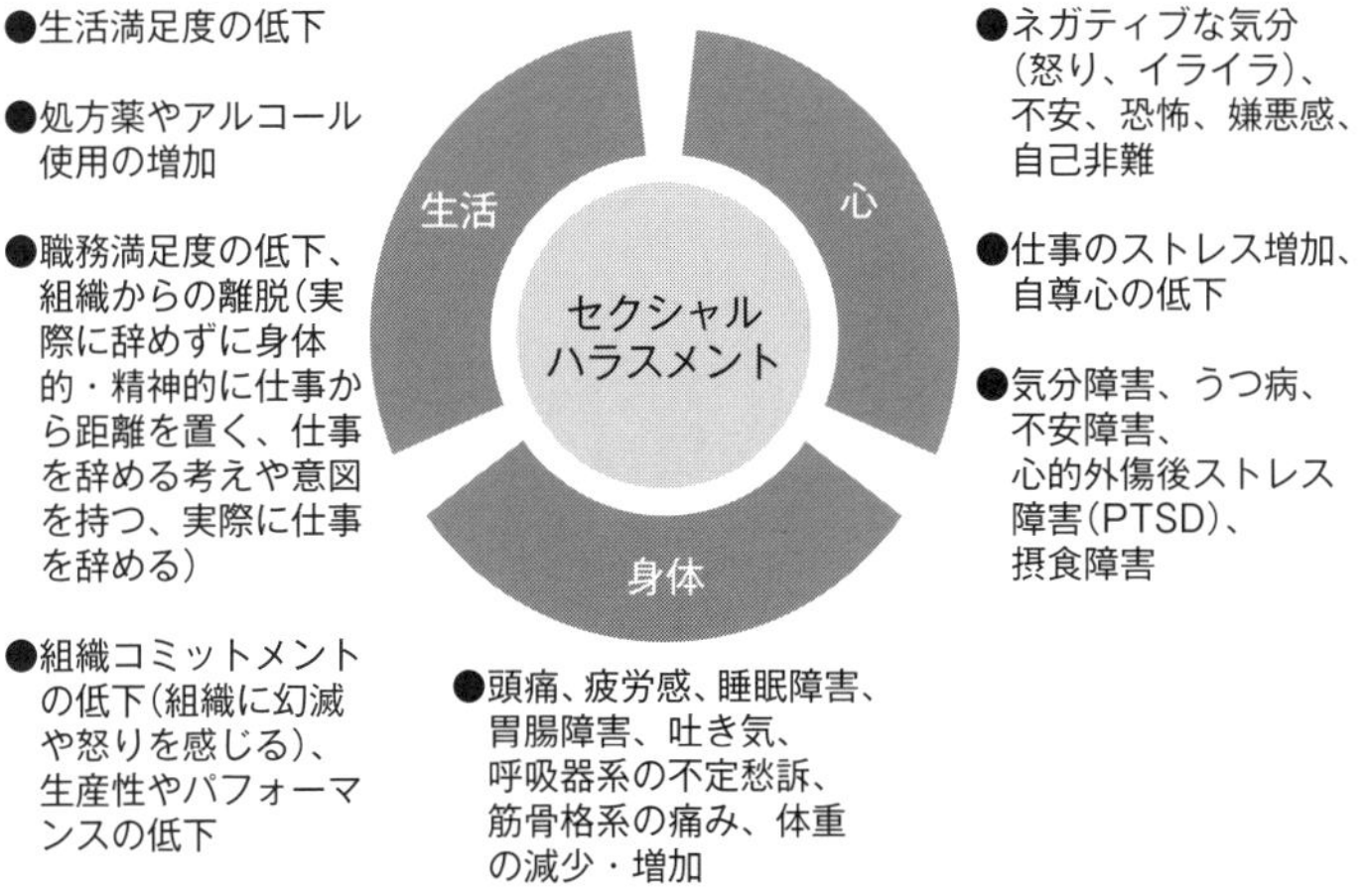

図 2-3　教職員がセクシャル・ハラスメントの被害に遭ったことによるこころとからだへの影響

(出典)　National Academies of Sciences, Engineering, and Medicine et al., 2018 を元に筆者作成。

失」「やる気の水準の低下」「批判に対する耐性の喪失」「自殺願望」「抑うつ」「パニック発作」が、からだへの影響としては、「睡眠障害」が、生活への影響としては、「飲酒」「暴飲暴食」「学習環境への悪影響、例えば、大学生活に関してシニカルになる、学部を辞めたいと考える、専門分野の選択への影響」などが挙げられています(Barrett & Scott, 2015, Fernández-Gutiérrez & Mosteiro-Diaz, 2021)。

教職員がセクシャル・ハラスメントの被害に遭ったことによるこころとからだへの影響

教職員がセクシャル・ハラスメント被害に遭遇した場合に起こる影響を、図

2－3にまとめました。こころへの影響としては、「ネガティブな気分（怒り、イライラ）」「不安」「恐怖」「嫌悪感」「自己非難」「仕事のストレス増加」「自尊心の低下」「気分障害」「うつ病」「不安障害」「心的外傷後ストレス障害（ＰＴＳＤ）」「摂食障害」が、からだへの影響としては、「頭痛」「疲労感」「睡眠障害」「胃腸障害」「吐き気」「呼吸器系の不定愁訴」「筋骨格系の痛み」「体重の減少・増加」が、生活への影響としては、「生活満足度の低下」「処方薬やアルコール使用の増加」「職務満足度の低下」「組織からの離脱（実際に辞めずに身体的・精神的に仕事から距離を置く、仕事を辞める考えや意図を持つ、実際に仕事を辞める）」「組織コミットメントの低下（組織に幻滅や怒りを感じる）」「生産性やパフォーマンスの低下」などが挙げられています（National Academies of Sciences, Engineering, and Medicine et al., 2018）。

教職員がアカデミック・ハラスメントの被害に遭ったことによるこころとからだへの影響

教職員がアカデミック・ハラスメントの被害に遭遇した場合に起こる影響を図2－4のとおりまとめました。こころへの影響としては、「否定的な気分」「ストレスを感じる」「自尊心や自信の低下」「認知機能の乱れ、例えば、注意力・集中力の問題、侵入的なイメージ、反芻思考」「状況を根本的に変えられない無力感」「シニシズム（冷笑的な態度）」「燃え尽き症候群」「不安・抑うつ症状」が、からだへの影響としては、「体調不良」「筋骨格系の痛み」「頭痛などの神経症状」「不眠や疲労感」が、生活への影響としては、「アルコール使用量の増加」「仕事の満足度・仕事への取り組み・

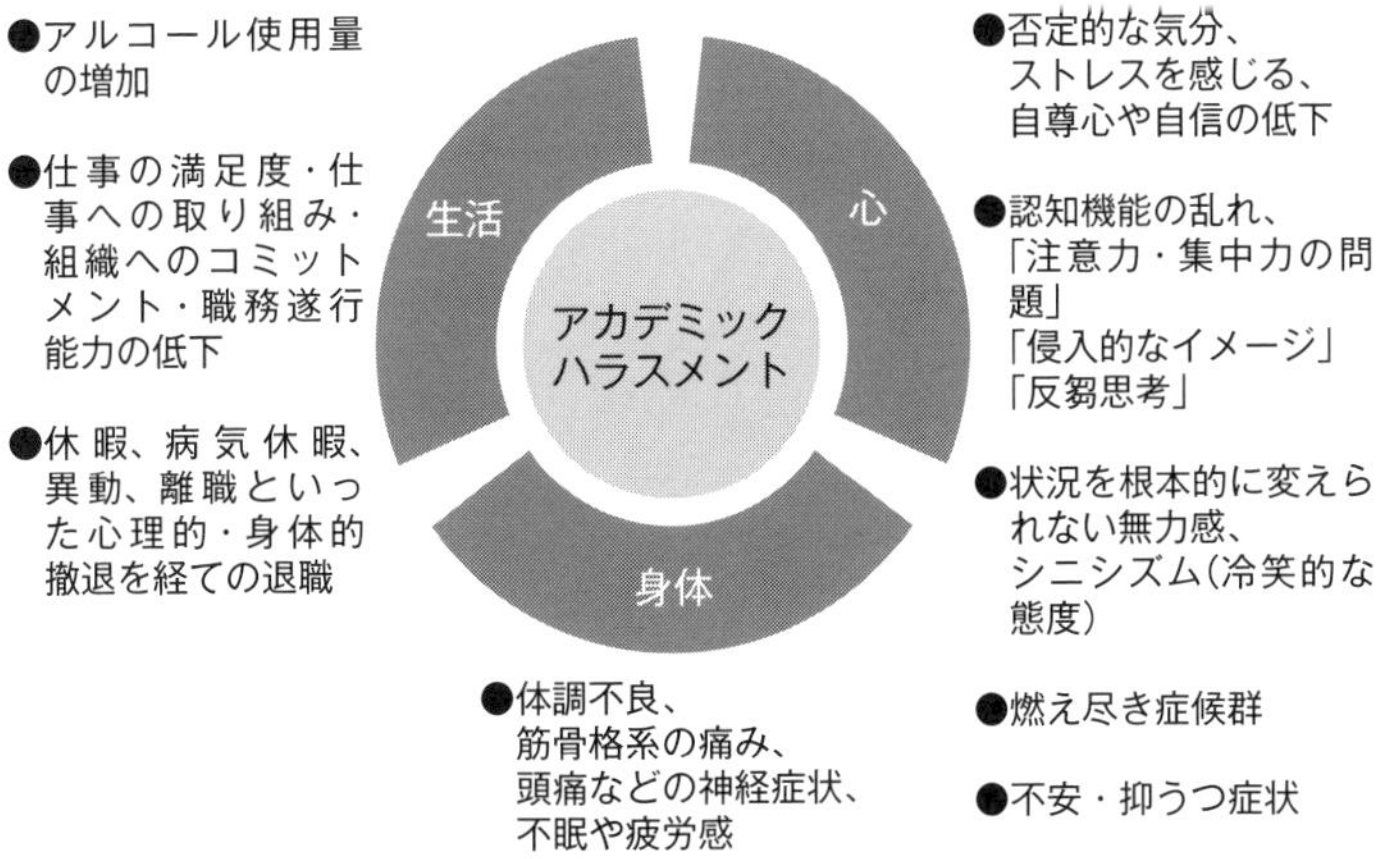

図 2-4　教職員がアカデミック・ハラスメントの被害に遭ったことによるこころとからだへの影響
（出典）　Keashly, 2019 を元に筆者作成。

組織へのコミットメント・職務遂行能力の低下」「休暇、病気休暇、異動、離職といった心理的・身体的撤退を経ての退職」などが挙げられています（Keashly, 2019）。

教職員がコントラパワー・ハラスメントの被害に遭ったことによるこころとからだへの影響

教職員がコントラパワー・ハラスメントの被害に遭遇した場合に起こる影響についてまとめたのが図２－５です。こころへの影響としては、「加害者の学生への恐怖」「学生と二人きりになることへの恐怖」「ストレスを感じる」「集中力の低下」「不安」「抑うつ」が、からだへの影響としては、「睡眠障害」「ストレスに起因する病気」が、生活への影響としては「仕事への満足度の低下」「離職意向の

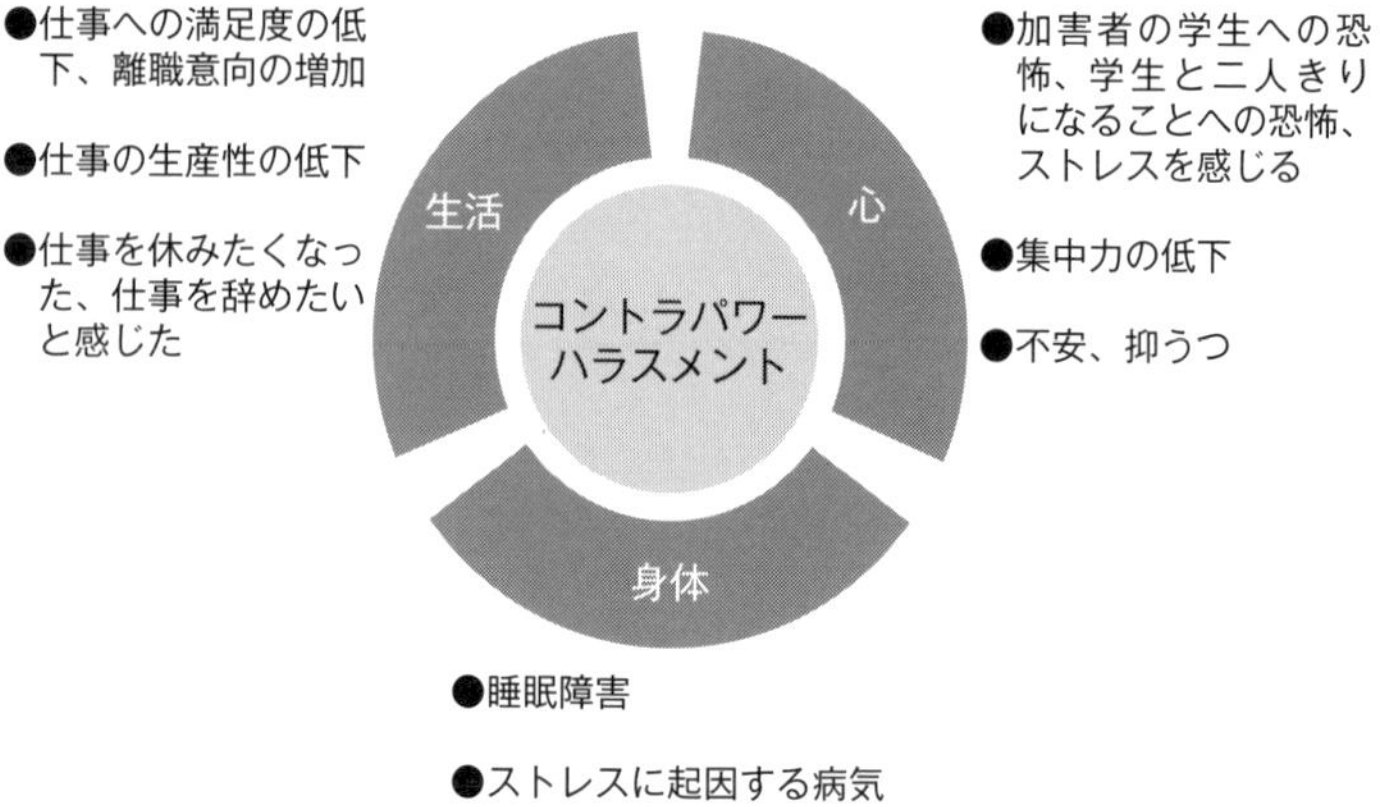

図 2-5　教職員がコントラパワー・ハラスメントの被害に遭ったことによるこころとからだへの影響

（出典）　Lampman et al., 2016 を元に筆者作成。

増加」「仕事の生産性の低下」「仕事を休みたくなった」「仕事を辞めたいと感じた」が挙げられています（Lampman et al., 2016）。

以上のとおり、ハラスメントは、被害に遭った学生と教職員のこころ、からだ、及び生活の三つの側面に対し、非常に大きなダメージを及ぼします。各々の影響については、図で円環として示しているとおり、それぞれ独立したものではなく、三つの側面がそれぞれ相互に関連し合っているものと考えられます。

筆者が対応したハラスメント相談の場面においても「（加害者が）怖い」「また同じようなことが起こるかと思うといつも不安」「帰宅後や休みの日でも気分が晴れない」など、こころへの影響についての話題が上ることはもちろんのこと、「眠れない」「食欲がない」「頭が痛い」といったからだへの影響について訴えられることがあります。ハラスメントは、身体的暴行を伴う場合もありますが、多くは言葉や態度による心理的攻撃が大半であるにもかかわらず、相談場面では、特に、頭痛をはじめとして首や肩の痛み、胸痛、胃痛、腹痛、腰痛など「からだの痛み」の症状について耳にすることが多いように感じます。ハラスメント(harassment)の動詞形である「harass」には、「〈敵(地)〉を(繰り返し)攻撃する」といった意味もあり(ジーニアス英和大辞典第三版　二〇〇一)、文字通り外部から繰り返される心理的攻撃により傷つき損なわれた結果生じるこころの「痛み」が、あたかも身体的な暴力を受けたときのように、からだの「痛み」として顕在化しているのかもしれません。

学生と教職員で比べてみても、こころとからだへの影響については共通する項目が多く見られます。生活への影響には違いが認められますが、学生と教職員では生活環境が異なる故に、前景化した状況が異なるだけで、本来発揮できるはずであった能力が損なわれてしまうといった内実は同じです。結果として、学生の場合は、留年をしたり、環境を変えるために研究室や専攻・学科・学部の変更、さらには退学せざるを得なかったり、教職員の場合は、部署異動や休職、ひいては退職に至ってしまったりなど、将来に向けて描いていた人生計画の大幅な変更を余儀なくされてしまうことがあり、甚大な影響を及ぼします。

4　ハラスメントの被害に遭った際に特徴的な対処行動

本節では、学生や教職員がハラスメントの被害に遭った際に、どのような対処行動をとっているのか見ていきたいと思います。

まず、学生の対処行動から見ていきましょう。国外の総説論文によると、学生がセクシャル・ハラスメントの被害に遭った場合、報告を行うことは、ほとんどないことがわかっており、その理由としては「ハラスメントが十分に深刻であるとは思わなかったから」といったものが挙がっています(Klein & Martin, 2021)。国内の調査においても、セクシャル・ハラスメントの被害に遭った学生の四〇%が「何もしなかった」と回答するなど(中丸ら　二〇〇一)、同様の傾向が示されています。

続いて、学生がアカデミック・ハラスメントの被害に遭った場合はどうでしょうか。先のトピックと同様に、医学生や看護学生が教職員などから受けたインシビリティを含むアカデミック・ハラスメントに関する総説論文の内容を参照します。医学生の場合、被害に遭った学生の三分の一以下しか、報告をしないことがわかっています。その理由としては、「報告手続きの認識不足」「報告しても対処されないという疑念」「加害者からの報復への恐れ」といったものが挙がっています(Barrett & Scott, 2015)。看護学生の場合、五八%の学生が「上の者に報告した」とする一方、五五%が「これ以上責められないように(実習スケジュールなどを)決められた通りこなした」、四九%が

「友人や親族のところに避難した」といった回避的な対処行動をとっています(Fernández-Gutiérrez & Mosteiro-Diaz, 2021)。国内の報告においても、アカデミック・ハラスメントを受けた男子学生の五〇%は「相手を避けた、または研究室へ行くのをやめた」、四一・九%が「何もしなかった」、女子学生も三五・七%が「何もしなかった」、次いで三三・三%は「相手を避けた、または研究室へ行くのをやめた」といったように、同様の傾向を示しています(中丸ら　二〇〇一)。

次に、教職員の対処行動を見ていきましょう。教職員のセクシャル・ハラスメントに関しては、大多数の教職員が被害経験を報告することはせず、法的措置をとるのはごく少数であることが分かっています(Bondestam & Lundqvist, 2020)。

また、アカデミック・ハラスメントについても、セクシャル・ハラスメントと同様の傾向が認められ、友人や家族に話すなどといった対処行動がとられることが多く、組織に報告することがあまり選択されないことがわかっています(Keashly, 2019)。

ハラスメントの被害に遭った学生や教職員が、学内の関係者に報告をしたり、学内の機関に相談をしたりするといった対処をとることが少ないのはなぜでしょうか。本学のハラスメント相談室に来室した学生や教職員から、次のような事情や心情について打ち明けられることがあります。例えば「周りの人も我慢していたから、同じように我慢をしていればやり過ごせると思っていた」といったように、周囲が無批判に受け止めているため同じように対処せざるを得ない場合や、「所属している組織以外のことはわからず、ここでは普通のことだと思っていた」といったように周りに比較対象がないことで当然の状況であると認識している場合があります。または、通常の健康状態であれば理性的な判断ができる人も「私にも悪いところがあったから」といったように過度に自責的になって自信を失っていたり、「誰かに相談をしていることがわかってしまったら、加害者からさらにひどい仕打ちをされるのではないか」といったように、報復への恐怖感から身がすくんでしまったりしています。

牟田は、セクシャル・ハラスメント被害に遭った女性が、報復を恐れるだけでなく、その場を上手く収めるため、また相手の男性への配慮などから「受けている被害を女性自ら否認する」対処の有り様について臨場感溢れる記述をしており、回避的な対処をとらざるを得なかった被害者の心情の一端を窺うことができます(牟田　二〇一三)。

回避的な対処方法、例えば「何もしなかった」「友人や親族のところに避難した」「相手を避けた、または研究室に行くのをやめた」などについては、後にハラスメント被害を指導教員や上司まで打ち明けた際に「なぜすぐに話してくれなかったのか」「相談してくれればできることもあったのに」「相手を避けるのは根本的な解決にはならないよ」といったように、ネガティブな評価を受けることが往々にしてあります(友人や家族に相談をするという対処については次節で触れます)。一方、本学のハラスメント相談室に寄せられた軽重様々な相談内容に接していると、回避的な対処は決して排斥されるべきものではなく、取り得る手立てのひとつとして大事に扱っていくことが必要だと思われます。例えば、問題とされた言動の態様や頻度、さらには加害者とされる相手との関係如何によっては、一時的には「何もせず」に事態が落ち着くのを待って、時期を見定めてから問題の解決を図ったほうが望ましい場合もあります。また、「友人や親族のところに避難した」「相手を避けた、または研究室に行くのをやめた」などの対処方法についても、北仲ら(二〇一七)は「ときには『相手を避ける』『その環境から離れる』とか、『しっかり休んで、本来の自分の判断力を取り戻す』という選択をすることも大切です」と、その重要性を指摘しています。

しかしながら、ハラスメントは得てして、短期間で収束することはありません。特に、教員に対するアカデミック・ハラスメントは、その期間が数年に及ぶなど、長期間に渡ることにその特徴があります(反対に学生は大学に所属する期間が定められていることから、期間が限定されているという特徴があります)。その理由として、①終身雇用により組織の構成員と長期的な関係を築いていること、②教員の流動性の低さを反映している可能性があること(著名な教員でない限り、終身雇用の権利が与えられた後は、他の研究機関に異動することは困難)、③配置転換といった対処が可能な他領域の職場と比べて教員は部局に縛られていること、が挙げられています(Keashly, 2019)。

長い期間に渡ってハラスメントを受け続け、さらに回避的な対処方法では大きな改善が図られず、その結果、心身のエネルギーが枯渇してしまい、前節で紹介したような、こころやからだの病気の症状が顕れてきたり、生活に大きな支障を来したりしてしまうこともままあります。

それでは、ハラスメントの被害に遭った際、心身の健康を保つためには、どのような対処が望ましいのでしょうか。

5　ハラスメントの被害に遭った学生と教職員がこころとからだの健康を保つための対処方策

結論から述べますと、ハラスメントに遭遇した学生または教職員がこころとからだの健康を保つためには、大学という同じ環境に身を置いている友人、同級生または同僚、及び信頼できる教員または上司など学内の関係者に相談するといったように、学内の身近なサポート資源（ソーシャルサポート）を活用していくことが重要です。大学という環境と接点のない家族や友人に相談した場合、精神的なサポーターにはなり得ますが、困っている状況に直接介入をすることや影響を及ぼすことができないことが多く、現実的なサポートに限界があります。それに対し、学内の関係者であれば、直接的に困っている状況に介入できる機会があるため、より実効性のある支援につながることが期待されます。大学の構成員を対象とした研究ではありませんが、職場のいじめによるメンタルヘルスの低下が、同僚からの支援により緩和されるといった報告があります（Warszewska-Makuch et al., 2015）。また、同様に職場でいじめを受けた場合、上司からの支援は男女問わず健康状態への影響を顕著に緩和し、女性においては同僚からの支援もプラスの影響を与えるといった報告もあります（Nielsen et al., 2020）。国内における大学教員を対象とした調査からは、ソーシャルサポートがハラスメントによるメンタルヘルスへの悪影響を和らげる効果があることが示唆されています（Takeuchi et al., 2018）。

しかしながら、筆者の経験上、大学と接点のない友人や家族に相談したのでは、まったく効果がないかというと、あながちそうでもないように思われます。来談をした多くの人から、友人や家族などに話をしたところ共感的に話を聞いて貰えたことが支えになった、といったような話題が挙がります。また、友人や家族に話を聞いて貰ったときに、ハラスメント相談室への相談を勧められた、といった来室の経緯について耳にすることも多く、友人や家族には被害者を励まし、適切な機関に相談するという行動を後押ししてくれる、いわば「橋渡し」の役割があるように思われます。加えて、親身になって話に耳を傾けてくれる家族、友人などのサポーターが傍らにいる相談者は、体調を大きく崩すことなく経過するケースが多いようにも感じます。もし、皆さんがハラスメントの被害に遭ってしまった場合には、周りを見渡し、信頼できると感じている身近な人に、まずは相談をして、サポーターを作ってもらいたいと思います。

実際のハラスメント相談の場面において、本学の相談室が具体的にどのようなサポートができるのかということについては、次章で取り上げていきます。

6　正確な実態把握の必要性と効果的なハラスメント対策のために

1～5節では、国内外の研究結果から報告されている大学におけるハラスメントの実態について紹介してきました。本節ではこれらの現状を踏まえ、大学という組織、ひいては社会として、ハラスメントの防止と解決のために今後どのようなことが求められているのかについて、考えていきたいと思います。

北海道大学における現状と課題

本学におけるハラスメントの実態については、四年に一度実施される「学生生活実態調査」において「ハラスメント等の被害状況」としてまとめられていることに加え、毎年度、ハラスメント相談室がその相談件数をもって把握をしています。

ハラスメント相談室の集計においては、例年、アカデミック・ハラスメントの相談が約七―八割、その他のハラスメントの相談が約一―二割、セクシャル・ハラスメントの相談は、全体の相談数の約一割程度に留まっています。アカデミック・ハラスメントと比較してセクシャル・ハラスメントの相談件数が少ない要因としては、セクシャル・ハラスメントの社会的認知度が上がったことにより、そもそもの発端である問題言動が抑制されている、つまりハラスメントそのものが減少したためと、これまで考えていました。しかしながら、国内外の研究からは、学生と教職員の多くがセクシャル・ハラスメント被害を経験しているとの報告があり、本学の集計結果と大きな乖離があります。この要因としては、次のような二つの可能性が考えられます。

①一つ目は、本学の学生や教職員がセクシャル・ハラスメントと実際に認知している問題言動と、実態調査において測定しているジェンダー・ハラスメントを含むセクシャル・ハラスメントの問題言動との間に、大きなギャップがある可能性です。本学の指針では、ジェンダー・ハラスメントもセクシャル・ハラスメントに含まれますが、セクシャル・ハラスメントの典型例といえば、性欲に関わる問題言動であるとの認識が広く浸透しているため、学生や教職員がジェンダー・ハラスメントに該当するような言動を受けて不快に感じても、セクシャル・ハラスメントとは認知されないため、相談にまで至らない、という可能性です。

②二つ目に考えられるのは、セクシャル・ハラスメントは、他のハラスメントに比べて、受動的な対処がとられやすい傾向がある可能性です。本学のセクシャル・ハラスメント事案は、アカデミック・ハラスメントに比べて限られた数にもかかわらず、性犯罪や性暴力に該当するような深刻な事案がその多数を占めています。そうした状況から推測するに、セクシャル・ハラスメントの被害に遭った際、前述したような複雑な思い（報復への恐怖感、自ら被害を否認するなど）が被害者の中で交錯した結果、なかなか相談などの行動に移すことができずに経過してしまい、性犯罪や性暴力のような明らかに深刻な事態に至って、いよいよ心身に大きな影響が顕れ、学業や仕

事に差し障る事態に陥った場合にのみ、ハラスメント相談室まで相談をするという選択がなされ、その他の場合は、相談するという対処策が忌避されてしまう傾向が強い、という可能性です。

一方で、アカデミック・ハラスメントについては、セクシャル・ハラスメントと比べて、学生と教職員ともにその事案の深刻さは様々であり、グラデーションがあります。さらに、本学の場合、学生数一八、〇九四人に対し、教職員数が三、九一七人（令和四年五月一日現在）と、学生数が教職員数を大きく上回っているにもかかわらず、アカデミック・ハラスメント相談に訪れる割合は、学生と教職員が半々であり、構成員比率にそぐわない現状があります。

教職員が同じ教職員からアカデミック・ハラスメントの被害を受ける、いわゆるパワー・ハラスメントについては、二〇二〇年六月に改正労働施策総合推進法が施行され、身近なものになったことも相談数を押し上げている要因であると思われます。それに対して学生は、小学校から高等学校を卒業するまでに、同じ児童・生徒同士のいじめの問題で悩んだ際には、教員や家族に相談する、相談できる場所がある、といった知識と習慣はあるものの、大学で学生同士や教員からのハラスメントを受けた場合、大学内の組織に相談して解決を求めるといった選択肢があることを知らないということが、相談数を押し下げている大きな要因のひとつであると思われます。

以上のような本学における現状と課題を踏まえると、今後、ジェンダー・ハラスメントを含むセクシャル・ハラスメントについての正確かつ具体的な言動や被害実態についての啓蒙に加えて、学生がアクセスしやすい媒体を用いた情報発信などを充実させるべく、創意工夫を図っていく必要があると考えています。

全国的な調査の必要性

国内においては、個々の大学でハラスメントの実態を把握するためにアンケートによる調査が実施されています。佐竹(二〇二〇)によると、大学で実施されているハラスメントの実態調査とは「対象者がこれまでに受けたハラスメントについて尋ねるものであり、学内のハラスメントが起きる頻度やその種類、被害に対する対応などについて具体的な情報が得られるもの」を指します。ハラスメントの実態調査は、各々の大学によりその実施方法が多様であること、さらには調査結果を学内のみに公開をしているところが大半で、学外に対し広く公開している大学は少数です。加えて、前述のように、国内での大学におけるハラスメントの実態に関する調査研究は、国外に比べて大幅に数が少ない現状からも、国内において、どれくらいの数の学生と教職員が、どのようなハラスメントの被害に遭っているのか、その正確な実態を把握した上で、その現状を踏まえた有効な対策を模索していくことが必要ではないでしょうか。

この課題を解決する一つの方策として、現在、個々の大学に委ねられている実態調査を、サンプルの集め方や、各種のハラスメントの定義やその測定について、全ての大学で一貫した手法を用いて、全国的な調査として実施するという方法があります。

アメリカ医科大学協会(Association of American Medical Colleges)では、一九九一年から毎年、医学教育プログラムの評価と改善を目的として、医学部の卒業生を対象としたGQ(Graduate Questionnaire)という学生生活に関するアンケート調査を実施しています。アンケートの一つに「否定的な言動の経験(Experiences of negative behaviors)」に関する項目があり、差別、暴行・暴言、セクシャル・ハラスメントなどの被害体験や目撃経験について尋ねられています。アンケートへの回答は任意ではありますが、医学部におけるハラスメントの実態を示す非常に有用なデータとなっています。

国内においても、こうしたアンケート調査を全国的な規模で継続的に行いながら、どのようなハラスメント対策の取り組みが、どの程度被害の改善に効果を及ぼすのかについて検討を重ねながら、より実効性のある対策の立案と実行に努めていくことが必要であると思われます。

ジェンダー・ハラスメント及びインシビリティ防止対策の重要性

実効性のあるハラスメント対策を講じていくためには、セクシャル・ハラスメントやアカデミック・ハラスメントの防止啓発はもちろん、ジェンダー・ハラスメントやインシビリティについての知識やその防止対策について周知・啓発活動を推し進めていくことも必要です。

クランシーら(Clancy et al., 2020)は、ジェンダー・ハラスメントに気を配らなければいけない理由について、①長期的にみると性的強要と同程度に仕事や心身の健康状態に悪影響を及ぼすこと、

②ジェンダー・ハラスメントを許容してしまった場合、性欲に関わる問題言動の下地を作ってしまうことを、その理由として挙げています。さらには、「セクシャル・ハラスメントの多くは、女性に対する性的な欲望ではなく、女性への侮蔑が中心です。学問の場から性的なものをすべて排除するような規則を設けるのではなく、大学は軽蔑的で失礼な振る舞いを抑制すべきなのです」と提案しています。

失礼な振る舞いについては、「インシビリティ」という概念を紹介しました。インシビリティの防止対策については「人間関係のギスギス感の初期段階であることから、加害者—被害者関係が固定されてしまっていることが多い職場の暴力、いじめとは異なり、職場全体への介入や職場風土改善への取り組みに適している」といった指摘がなされています(津野　二〇一四)。

大学においても、ハラスメントに該当するような言動に注意を払っていくことはもちろんのこと、ジェンダー・ハラスメントやインシビリティにも目を配り、そのような言動が確認できた際には見過ごさず、組織内で情報を共有し、然るべき責任者が当事者に声を掛けていくなど、丁寧にその芽を摘んでいくことが、ハラスメントの防止にも有益であると思われます。

7　最後に

本章では、大学におけるハラスメントの実態について国内外の学術論文などを参照しながら、その実態を概観してきました。しかし、大学に限らず、小学校から中学校及び高等学校へ至る全ての教育課程を通して、同様の問題を孕んでいるものと思われます。小学校及び中学校などの義務教育期間は、特に児童生徒同士のいじめの問題に注意が払われがちですが、教員から児童生徒に対するハラスメント、児童生徒またはその保護者から教員に対するハラスメント、教員同士のハラスメントなどについても同程度の注意が行き届くよう、より広範な観点で、多面的に捉えていく必要があるものと思われます。

さらには、ハラスメントは、学生が社会に羽ばたいた後の職場においても大きな社会問題として顕れていることから、教育期間に限らず、ライフサイクルを通じての問題として考えていく必要があります。そうした視座からハラスメントの問題をみたとき、大学におけるハラスメント対策を適切に講じていくことは、社会に蔓延するハラスメントを抑制する勘所となるものと考えます。すなわち、これからの社会を担っていく学生に対し、大学がハラスメントの基礎的な知識やハラスメント予防の要諦、被害に遭った際(または目撃をした際)の適切な対処方法などについて学習する機会を高等教育の一環として設けることで、社会に蔓延するハラスメントを抑制することが期待できるとともに、ハラスメントに起因する様々な影響を減じることができるのではないでしょうか。

参考文献

御輿久美子、二〇一五、「【管理】医療・教育現場におけるハラスメントの防止に向けて」『大阪作業療法ジャーナル』

二八(二)、九六―一〇二頁。

小田部貴子・丸野俊一・舛田亮太、二〇一〇、「アカデミック・ハラスメントの生起実態とその背景要因の分析」『九州大学心理学研究』一一、四五―五六頁。

北口末広・熊本理抄、二〇一九、『近畿大学学生人権意識調査報告書―ハラスメント問題編』近畿大学人権問題研究所。

北仲千里・横山美栄子、二〇一七、『アカデミック・ハラスメントの解決―大学の常識を問い直す』寿郎社。

厚生労働省、「事業主が職場における性的な言動に起因する問題に関して雇用管理上講ずべき措置等についての指針」平成一八年厚生労働省告示第六一五号、令和二年六月一日適用。

厚生労働省、「事業主が職場における優越的な関係を背景とした言動に起因する問題に関して雇用管理上講ずべき措置等についての指針」令和二年一月一五日厚生労働省告示第五号。

小西友七・南出康世編、二〇〇一、『ジーニアス英和大辞典　第三版』大修館書店。

小林志津子・関本美穂・小山弘・山本和利・後藤英司・福島統・井野晶夫・浅井篤・小泉俊三・福井次矢・新保卓郎、二〇〇七、「医学生が臨床実習中に受ける不当な待遇(medical student abuse)の現況」『医学教育』三八(一)、二九―三五頁。

櫻井研司、二〇一四、「対人逸脱行動の分類からみた職場不作法―日本語版職場不作法尺度(J-WIS)の信頼性および妥当性の検討」『経済集志』八四(三)、二五一―二六九頁。

佐竹圭介、二〇二〇、「ハラスメントに関する学内アンケートの効果的な活用法」山内浩美・葛文綺編著、『大学におけるハラスメント対応ガイドブック―問題解決のための防止・相談体制づくり』福村出版一一九―一三〇頁。

津野香奈美、二〇一四、「職場における礼節の欠如(インシビリティ)とメンタルヘルス、組織への影響」『産業精神保健』二二(三)、二三四―二三八頁。

中川純子、二〇二〇、「大学におけるハラスメントの多様化」『京都大学学生総合支援センター紀要』四九、六三―七一頁。

中丸澄子・兒玉憲一、二〇〇一、「広島大学大学院生が研究室で経験するハラスメントの実態」『総合保健科学』一七、一九—四〇頁。

牟田和恵、二〇一三、『部長、その恋愛はセクハラです！』集英社。

宗方比佐子、二〇〇一、「職場における暗黙のシナリオ」、諸井克英ら『彷徨するワーキング・ウーマン』北樹出版、七三—九〇頁。

遊間義一、二〇一四、「大学生におけるいじめの加害・被害行為の継続性と流動性」『犯罪心理学研究』五二(一)、一七—三〇頁。

四辻伸吾・瀧野揚三、二〇〇三、「大学生のいじめ観(Ⅰ)」『大阪教育大学紀要　第4部門　教育科学』五一(二)、三〇九—三二〇頁。

四辻伸吾・瀧野揚三、二〇一一、「大学生のいじめ観(Ⅱ)」『大阪教育大学紀要　第4部門　教育科学』六〇(一)、九一—一〇九頁。

Andersson, L. M. & Pearson, C. M., 1999, “Tit for tat? The spiraling effect of incivility in the workplace,” *The Academy of Management Review* 24(3): 452-471.

Barrett, J. & Scott, K., 2015, “‘Constantly ignored and told to disappear’: A review of the literature on ‘teaching by humiliation’ in medicine,” *Focus on Health Professional Education: A Multi-Professional Journal* 16(4): 3-14.

Benson, K. A., 1984, “Comment on crocker’s ‘An analysis of university definitions of sexual harassment’,” *Signs* 9(3): 516-519.

Bondestam, F. & Lundqvist, M., 2020, “Sexual harassment in higher education - A systematic review,” *European Journal of Higher Education* 10(4): 397-419.

Chapell, M. S. et al., 2004, “Bullying in college by students and teachers,” *Adolescence* 39(153): 53-64.

Chapell, M. S. et al., 2006, "Bullying in elementary school, high school, and college," *Adolescence* 41(164): 633-648.

Clancy, K. B. H. et al., 2020, "Use science to stop sexual harassment in higher education," *Proceedings of the National Academy of Sciences of the United States of America (PNAS)*, 117(37): 22614-22618.

DeSouza, E. R., 2011, "Frequency rates and correlates of contrapower harassment in higher education," *Journal of Interpersonal Violence* 26(1): 158-188.

Fernández-Gutiérrez, L. & Mosteiro-Diaz, M. P., 2021, "Bullying in nursing students: A integrative literature review," *International Journal of Mental Health Nursing* 30(4): 821-833.

Fitzgerald, L. F. et al., 1988, "The incidence and dimensions of sexual harassment in academia and the workplace," *Journal of Vocational Behavior* 32(2): 152-175.

Fitzgerald, L. F. et al., 1995, "Measuring sexual harassment: Theoretical and psychometric advances," *Basic and Applied Social Psychology* 17(4): 425-445.

Fnais, N. et al., 2014, "Harassment and discrimination in medical training: A systematic review and meta-analysis," *Academic Medicine: journal of the Association of American Medical Colleges* 89(5): 817-827.

Gelfand, M. J. et al., 1995, "The structure of sexual harassment: A confirmatory analysis across cultures and settings," *Journal of Vocational Behavior* 47(2): 164-177.

Silver H. K., 1982, "Medical students and medical school," *JAMA*, 247(3): 309-310.

Hollis, L. P., 2015, "Bully university? The cost of workplace bullying and employee disengagement in american higher education," *SAGE Open*, 5(2).

Ilies, R. et al., 2003, "Reported incidence rates of work-related sexual harassment in the United States: Using meta-analysis to explain reported rate disparities," *Personnel Psychology* 56(3): 607-631.

Kassebaum, D. G. & Cutler, E. R., 1998, "On the culture of student abuse in medical school," *Academic Medicine:*

journal of the Association of American Medical Colleges 73(11): 1149-1158.

Keashly, L., 2019, "Workplace bullying, mobbing and harassment in academe: Faculty experience," In D'Cruz et al. (eds), *Special topics and particular occupations, professions and sectors. Handbooks of Workplace Bullying, Emotional Abuse and Harassment*, vol 4. Singapore: Springer, 1-77.

Klein, L. B. & Martin, S. L., 2021, "Sexual harassment of college and university students: A systematic review," *Trauma, Violence & Abuse* 22(4): 777-792.

Lampman, C. et al., 2009, "Contrapower harassment in academia: A survey of faculty experience with student incivility, bullying, and sexual attention," *Sex Roles* 60: 331-346.

Lampman, C., 2012, "Women faculty at risk: U. S. professors report on their experiences with student incivility, bullying, aggression, and sexual attention," *NASPA Journal About Women in Higher Education* 5(2): 184-208.

Lampman, C. et al., 2016, "Women faculty distressed: Descriptions and consequences of academic contrapower harassment," *NASPA Journal About Women in Higher Education* 9(2): 169-189.

Lund, E. M. & Ross, S. W., 2017, "Bullying perpetration, victimization, and demographic differences in college students: A review of the literature," *Trauma, Violence & Abuse* 18(3): 348-360.

Marraccini, M. E. et al., 2015, "College students' perceptions of professor/instructor bullying: Questionnaire development and psychometric properties," *Journal of American College Health* 63(8): 563-572.

Marraccini, M. E. et al., 2018, "Instructor and peer bullying in college students: Distinct typologies based on Latent Class Analysis," *Journal of American College Health* 66(8): 799-808.

May, A. & Tenzek, K. E., 2018, "Bullying in the academy: understanding the student bully and the targeted 'stupid, fat, mother fucker' professor," *Teaching in Higher Education* 23(3): 275-290.

Moss, S. E. & Mahmoudi, M., 2021, "STEM the bullying: An empirical investigation of abusive supervision in academic science," *EClinicalMedicine* 40: 101121.

Nagata-Kobayashi, S. et al., 2006, "Medical student abuse during clinical clerkships in Japan," *Journal of General Internal Medicine* 21(3): 212-218.

National Academies of Sciences, Engineering, and Medicine, et al., 2018, *Sexual Harassment of Women: Climate, Culture, and Consequences in Academic Sciences, Engineering, and Medicine*, In Benya F. F. et al. (eds.), Washington (DC): National Academies Press (US).

Nielsen, M. B. et al., 2020, "Workplace bullying, mental distress, and sickness absence: the protective role of social support," *International Archives of Occupational and Environmental Health* 93(1): 43-53.

Porath, C. & Pearson, C., 2013, "The price of incivility," *Harvard Business Review* 91(1-2): 114-121, 146.

Pörhölä, M. et al., 2020, "Bullying in university between peers and by personnel: cultural variation in prevalence, forms, and gender differences in four countries," *Social Psychology of Education* 23(1): 143-169.

Rowland, M. L. et al., 2010, "Perceptions of intimidation and bullying in dental schools: A multi-national study," *International Dental Journal* 60(2): 106-112.

Schilpzand, P. et al., 2016, "Workplace incivility: A review of the literature and agenda for future research," *Journal of Organizational Behavior* 37: S57-S88.

Stubbs, B. & Soundy, A., 2013, "Physiotherapy students' experiences of bullying on clinical internships: An exploratory study," *Physiotherapy* 99(2): 178-180.

Takeuchi, M. et al., 2018, "Direct and indirect harassment experiences and burnout among academic faculty in Japan," *Tohoku Journal of Experimental Medicine* 245(1): 37-44.

Warszewska-Makuch, M. et al., 2015, "Authentic leadership, social support and their role in workplace bullying and its mental health consequences," *International Journal of Occupational Safety and Ergonomics: JOSE* 21(2): 128-

140.
Wood, L. et al., 2021, "Sexual harassment at institutions of higher education: Prevalence, risk, and extent," *Journal of Interpersonal Violence* 36(9-10): 4520-4544.

第三章　ハラスメント相談室の業務対応

ここでは、北海道大学（以下、本学）のハラスメント相談室の特徴や、ハラスメント相談室ができること、ハラスメントの事例の紹介を中心に、本学におけるハラスメント相談室の業務対応の実際を紹介します。

まず、相談者によって、ハラスメントの理解やイメージが異なっていることや、ハラスメントが広範囲にダメージを与えるため、予防が大切であることを説明します。

次に、本学におけるハラスメントの定義、ハラスメント相談室が相談対応で留意していること、ハラスメント相談を受ける前の準備について触れ、相談者がハラスメントの相談をするときに役立つ基礎的な知識をお伝えします。

さらに、カウンセリングとハラスメント相談の違いや、大学によるハラスメント相談体制の違いについて触れ、広い視野から本学のハラスメント相談の特徴を明らかにします。

最後に、本学のハラスメント相談室ができることや、効果と副作用を考慮して相談対応を決めることを説明し、模擬事例を紹介することで、具体的な対応のイメージをお伝えします。

なお、紹介する事例は全て、その本質を損なわない程度に改変しています。

1　ハラスメントの理解やイメージの多様性

ハラスメントとは、日本語で「いじめ」「嫌がらせ」「人権侵害」と呼ばれるものを指します。第二章でハラスメントについて詳しく論じましたが、ここでは、相談者がどのような体験をハラスメントと捉えるかという視点から、ハラスメントを考えてみます。

相談者は、体験した出来事がハラスメントかどうか分からないことが珍しくありません。暴力を振るわれたり体を触られたりしたら、ハラスメントの被害を受けたことは明らかですが、この場合はむしろ、暴行や強制わいせつの犯罪の被害者として考える方がよいかもしれません。一方で、いじめや嫌がらせを受けたという訴えの中には、業務または教育上、必要かつ相当な範囲で行われる適正な指示や指導との境界があいまいな訴えも含まれています。また、無礼な言動である

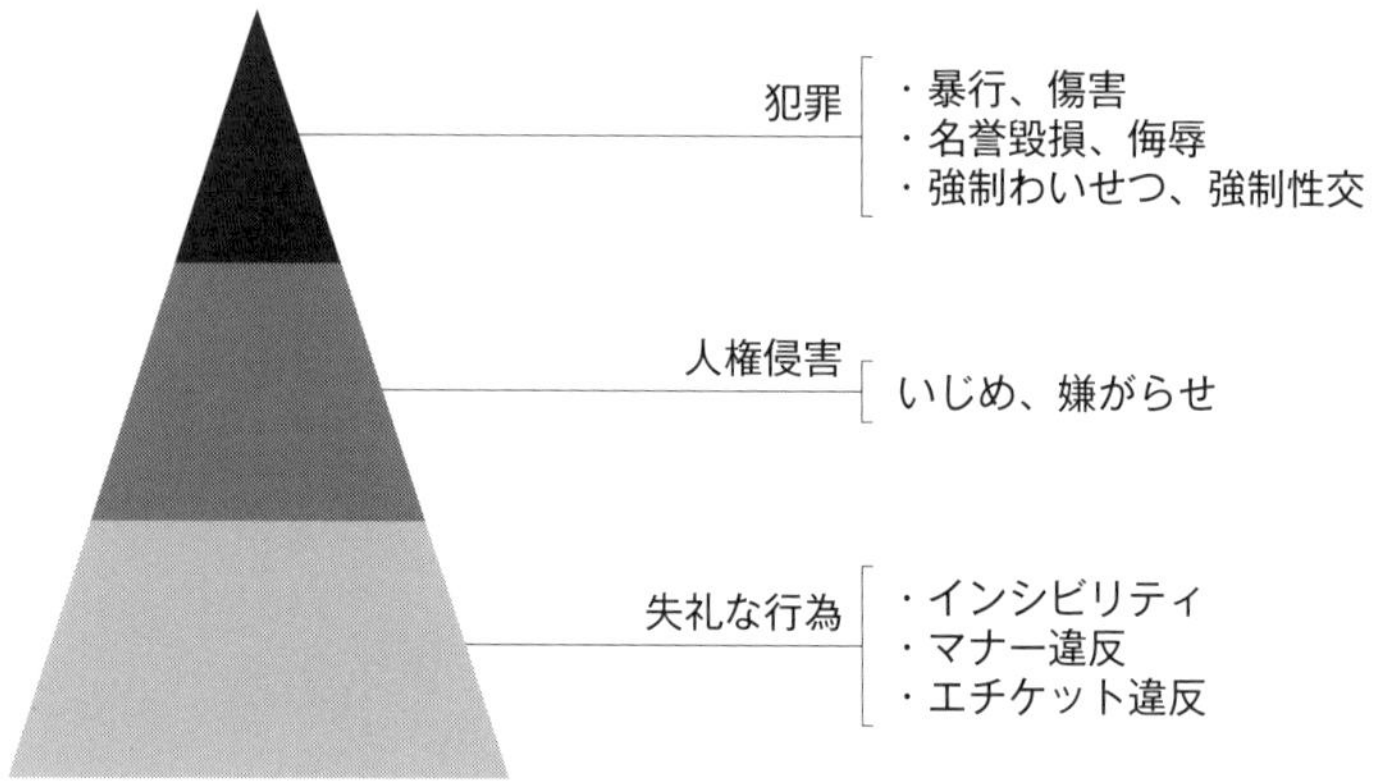

図 3-1　ハラスメントのイメージの多様性

ことは間違いなくても、ちょっとした失言を取り上げて、ハラスメントと断罪することは酷な場合もあり得ます。

このように、ハラスメントという言葉は、図3－1に示すように、人によって非常に幅広い意味合いで用いられます。ハラスメントに対する意識が高まり、法律で防止義務が定められるまでになりましたが、現状では、人によってハラスメントの理解やイメージが異なるため、相談者がどのような事実をハラスメントと認識しているのか、慎重に見極める必要があります。

2　ハラスメントの弊害と予防の大切さ

では、なぜハラスメントはいけないのでしょうか。ハラスメントがいかに広範囲に大きなダメージを与えるか、改めて考えてみます。まず、被害者のダメージとしては、①人格や尊厳が傷つけられる、②勤労意欲や学習意欲が減退し、能力の発揮が妨げられる、③精神や身体の健康が害されることが挙げられます。ハラスメント相談室に相談に来られる方の多くが、何らかの身体的もしくは精神的不調を抱えておられます。次に、加害者への影響ですが、「ハラスメントをした人」ということで個人的な信用が失墜し、懲戒処分を受けたり、重大な法的責任を追及されたりして、ライフ・キャリア（人生プラン）の変更を余儀なくされてしまいます。最後に、組織・コミュニティへの影響としては、当事者間の人間関係が悪化するのはもちろん、周囲の人が見聞きすることで組織全体の環境が悪化し、人間関係の悪化や、士気の低下、生産性の低下など、組織全体に大きく悪影響を及ぼします。また、一職員によるハラスメントであっても、組織全体の信頼性を失わせる事態になりかねません。このように、ハラスメントは、一旦生じてしまうと、非常に大きなダメージをもたらします。そのため、予防こそが何よりも大切です。

本学のハラスメント相談室に持ち込まれる相談内容は、図3－1の「暴行、傷害」といった犯罪、さらには「いじめ、嫌がらせ」といった人権侵害など、明らかにハラスメントに該当するような深刻な相談は少数であり、グレーゾーンに属する事案が大半を占めていることが、特徴して挙げられます。

3 北海道大学におけるハラスメントの定義

本学のハラスメント防止規程では、ハラスメントを三つに分類しています。一つ目は、セクシャル・ハラスメント、二つ目が、アカデミック・ハラスメント、三つ目が、その他のハラスメントです。本学のアカデミック・ハラスメントには、教職員の間で起きる職務上のハラスメントであるパワー・ハラスメントと、教職員と学生の間で起きる修学上のハラスメントであるアカデミック・ハラスメントの二つが含まれています。三つ目のその他のハラスメントは、セクシャル・ハラスメントとアカデミック・ハラスメントに分類できないハラスメントを全て含みます。

まず、一つ目のセクシャル・ハラスメント（セクハラ）ですが、本学のハラスメント防止規程によると、「相手を不快にさせる性的な言動」を指します。セクハラは、言動の受け手が不快に思うかどうかがポイントになります。多くの方は、セクハラを受けた際、不快感を相手に示すことが困難であるため、はっきり拒否されなかったとしても、同意しているとは限らないことにも注意が必要です。

二つ目のアカデミック・ハラスメント（アカハラ）は、本学のハラスメント防止規程では、「職務上、修学上又は研究上の優越的地位を不当に利用して、（略）職務上、修学上若しくは研究上の権利を侵害し、又は人格を辱める言動のうち、セクシュアル・ハラスメント以外のもの」と定義されており、先ほど触れたように、一般的に言われている、パワー・ハラスメント（パワハラ）とアカデミック・ハラスメント（アカハラ）の二つを含みます。パワハラとアカハラに関しては、必要かつ相当な範囲で行われる適正な指示や指導と、ハラスメントとの境界があいまいで、ハラスメントかどうかの判別が難しいケースがあります。特に、アカハラは、学問の自由の原則や、教員の権限の大きさ、各研究室が独立しており閉鎖的であること、専門性が高く周りが口を挟みにくいといった事情があるため、とりわけ判断が難しいと言えます。

最後は、その他のハラスメントです。その他のハラスメントは、相手の人権を侵害する不適切な言動を指します。具体的には、講義の内容とは関係なく、特定の人種や民族への差別的発言をする、SNSなどに誹謗中傷を書き込むといったものです。その他、妊娠した教職員に対してのマタニティ・ハラスメント、性的指向と性自認についてのハラスメントであるSOGI《ソジ》ハラなど、様々なハラスメントが含まれます。

4　ハラスメント相談室が相談対応する上で留意していること

本学におけるハラスメント相談は、相談対応機能と問題解決機能の二つの機能で対応しています（図3－2）。

このうち、ハラスメント相談室は「相談対応機能」の方を担っており、相談者の相談を受けて事実確認を行い、どうしていくかを一緒に考えていきます。具体的には、①加害者とされている者（相手方）との関係、②問題とされる言動の内容（いつ、どこで、どのように）、③相談者はどのように感じたか、④相手方の行為にどのように対応したか、⑤他の人に対しても同様の行為があるのか、⑥誰かに相談したか、⑦相談者の心身の状態、などについて確認していきます。

その上で、誰に、何を、どの程度求めていくのかを明確にしていき、相談者の自己決定をサポートします。例えば、①話を聞いてもらって気持ちを整理したいのか、②適切な責任者に事情を報告して欲しいのか、③相手の言動を止めるために、相手への注意・警告を求めたいのか、④相手に謝罪を求めたいのか、⑤相手との接点を減らすため執務室や研究室の異動など環境の調整を求めたい

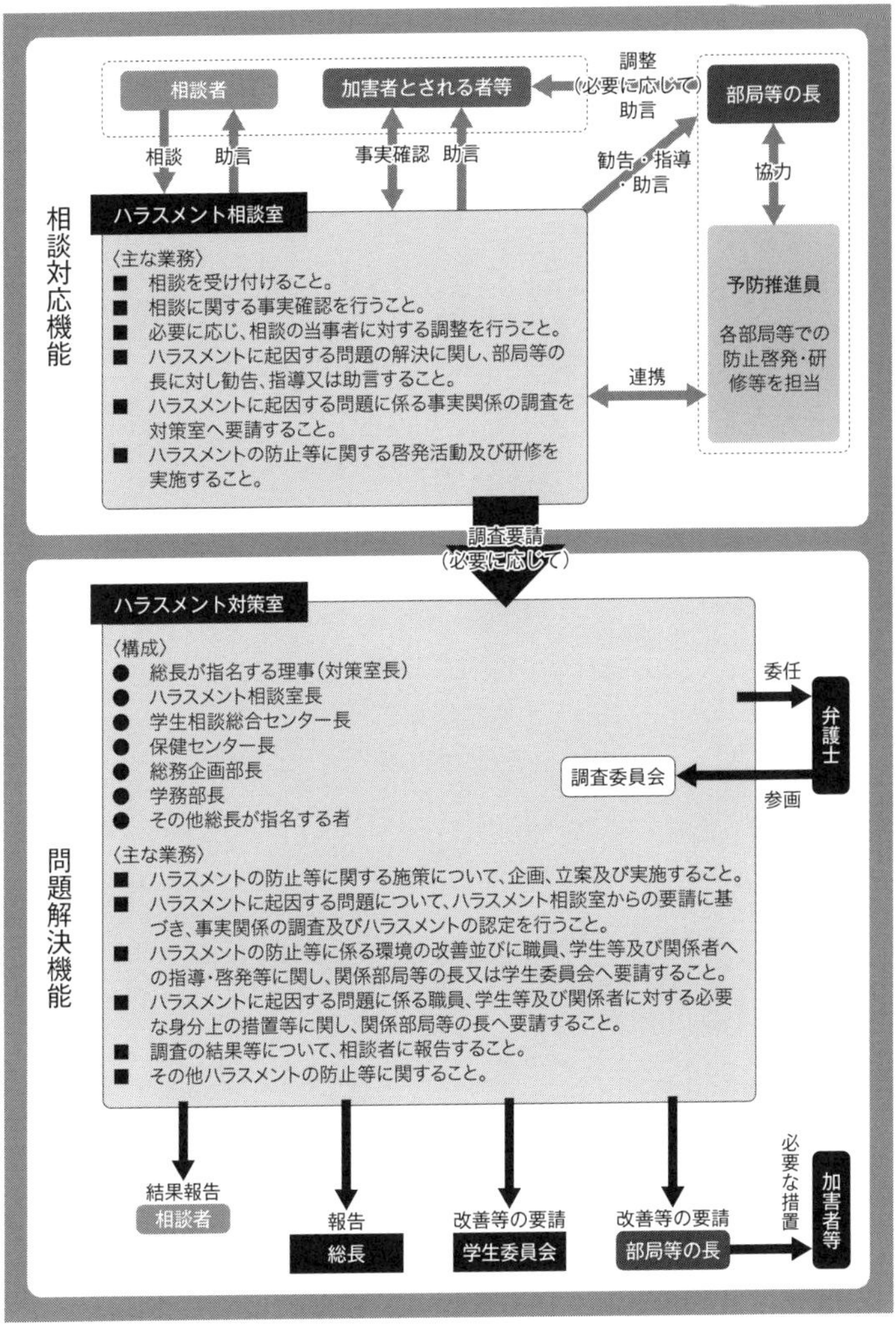

図 3-2　北海道大学におけるハラスメント相談対応の流れ
(平成 28 年 4 月 1 日以降)

のか、⑥ハラスメントがあったということの事実認定をもとに、相手への処分を求めたいのか、といったことを整理していきます。

相談者はハラスメントの被害によってダメージを受けていることが多く、事実関係を話すことは簡単なことではありません。相談員は、相談者に過度の負担をかけないように配慮しながら、相談者のペースでゆっくりと話を聴きます。また、相談者が心身の調子を崩し、過度に自分を責めたり、逆に相手を責めたりして、どうしたらいいのか判断できないことがあります。そのような場合は、単に傾聴するだけでなく、できるだけ被害者にとってメリットになり得る選択肢を提示し、具体的な助言をします。このように、相談員は、相談者の心情をサポートしつつ、事実関係の整理を行い、相手方や環境的な問題を含む全体的な状況を的確にアセスメントし、具体的な助言を行うなどして、相談者の問題の解決のために、一人一人に寄り添って支援することを心掛けています。

5　ハラスメント相談をする前の準備

事前の準備はなくても相談できますが、次のものを用意しておくとよいでしょう。

・困っていることについて、いつ・どこで・何があったのか、時系列で整理したメモ

・メールや、ＳＮＳなどのやりとり
・会話の録音データ
・日記などに記した被害のメモ
・診断書（ハラスメントが原因で通院している場合）

なお、内緒で会話を録音しても問題ないかという質問を受けることがありますが、自分がハラスメントの被害を受けているとき、その証拠を集めるために、自分と相手の会話（自分について話されている部分）を録音するということであれば、許容の範囲と言えるでしょう。ただし、機密性が高く非公開とされている会議などの録音や、ＳＮＳなどで録音を不特定多数に公開するようなことは、問題となり得るので避けた方がよいでしょう。

6　カウンセリングとハラスメント相談の違い

カウンセリングは、様々な分野の専門的相談援助行為を指す幅広い概念です。例えば文部科学省によると、「人間の心理や発達の理論に基づく対人援助活動であり、個人の成長を促進し対人関係の改善や社会的適応性を向上させる」ことから、学校教育においても、教員を中心としたスクールカウンセリング活動が実施されています。ハラスメント相談も広義のカウンセリングに含まれますが、心の問題や悩みを抱える人の症状の軽減を目的とする、いわゆる心理カウンセリングとは異なる側面があります。個人の成長や治療などを目的とする心理カウンセリングの場合、一般的に、カウンセラーは相談者の心情に沿いながら、その主観的な事実を大切にしていくという姿勢をとり、個人の成長を目的とする援助を中心に行います。一方、ハラスメント相談は、相談者の心情や主観を尊重しながらも、できるだけ客観的な事実を把握することを目指します。そのため、メールのやりとりや録音などの証拠がある場合は、できるだけ提供をお願いしています。また、ハラスメントは個人の問題だけではなく、相談者が所属する組織全体が責任を持って防止し解決する義務があるため、問題の解決に向けて、環境調整や事実調査など、組織的な対応の必要性を積極的に検討・実施するところが、心理カウンセリングと異なるところです。

7 大学によるハラスメント相談の体制の違い

各大学は、厚労省・文科省の各指針・規程・通知に従い、ハラスメント相談体制を整備していますが、それぞれ個性的で、規模や歴史・文化の違いがあるため、定型的な相談体制はありません。文部科学省による調査(文部科学省 二〇一八)によると、「ハラスメント等の防止のための全学的な調査・対策の常設機関を設置」している大学は五八・一%となっています。

ただし、「学内にハラスメントの専門相談室をもつ大学」は一三・四％に限られており、多くの大学では教職員が兼任で相談に携わっているのが実情です（葛ら　二〇一九）。葛らによると、ハラスメント対応のために、多くの大学で定められている制度として、①「調整」（相談者の修学就労環境を整えるために、具体的な措置を提案・実施する手続き）、②「通知」（相手方やその所属の長に対して、文書や口頭で注意喚起・警告などを行う手続き）、③「調停」（当事者双方から第三者が話を聞き、当事者双方の合意を図る手続き）、④「調査・事実調査」（ハラスメントの事実の有無を調査し、ハラスメント認定を審議する手続き）があり、「調整」の手続きが規程上定められている大学は五三・〇％、「通知」が定められている大学は三九・六％、「調停」が定められている大学は四八・二％、「調査・事実調査」が定められている大学は八七・二％です。

また、ある三つの大学のハラスメント相談の対応プロセスを比較したところ、相談員が相談者とともにこれまでの経緯と気持ちを整理した上で、解決方法を模索するという流れは共通していますが、前述の「調整」「通知」「調停」「調査・事実調査」など、各大学で設けられている解決の制度の有無やその対応のプロセスには違いがあり、特に、ハラスメント相談室が問題解決にどの程度関与するかという点では大きく違っています（葛ら　二〇一九）。

例えば、ハラスメント相談室は相談を受けることに専念し、「環境調整」などの問題解決の手続の決定や実施を全て学内の委員会（本学のハラスメント対策室に相当）に委ねる大学もありますし、ハラスメント相談室が問題解決の手続の決定や実施に深く関わる大学もあります。つまり、ハラスメント相談室が、相談を受けるだけでなく、問題解決の手続の決定や実施にどの程度関わるか、言葉を変えると、相談機能（相談を受けるプロセス）と解決機能（問題解決の方法を決定し、実施するプロセス）がどの程度分離されているかの違いにより、「相談―解決完全分離方式」「相談―解決部分分離方式」「相談―解決一体型方式」という三つに分類されます（葛ら 二〇一九）。詳しくは後述しますが、本学は、問題解決の手続の決定や、問題解決のプロセスに全般的に関与する、「相談―解決一体型方式」をとっています。

なお、このように、相談員が、相談対応のみならず、加害者とされる人や関係者から事実確認をしたり、さらには調整行為などの解決行為にも関与したりするなど多くの役割を担うこと（相談員の役割の多重性）は、避けるべきであるという意見もあります。相談員は、相談者に寄り添って支援をする立場であるから、中立的な視点から行うべき事実確認や解決行為に関与することに困難が生じるという理由です（吉武 二〇一二）。

本学では、経験豊富な弁護士の相談員と公認心理師の相談員が一緒にケースを担当し、それぞれの専門性を生かして、問題解決に向けた幅広い支援を行っています。本学相談員としての筆者の実感では、確かに、相談者と加害者とされる人の言い分が違うことは多く、事実確認や調整行為の場面で苦労することもある一方、事実関係や問題の所在が掴みやすくなり、相談者にとってより実効性のある措置を検討できることや、事実確認や調整行為などが迅速かつ柔軟に行えることなどのメリットがあり、実際に、問題の解決につながる事例も多くあります。

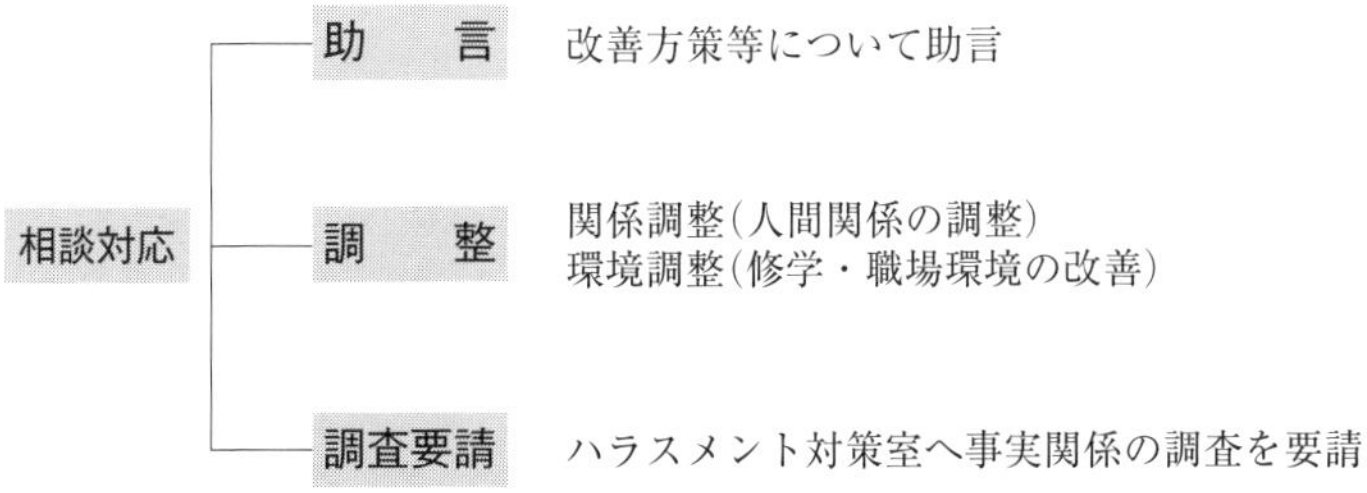

図 3-3　ハラスメント相談室ができること

8　北海道大学のハラスメント相談室ができること

本学のハラスメント相談室の相談対応は、「助言」「調整」「調査要請」の三つに大別されます（図３－３）。

「助言」とは、相談者の心情や事実関係を整理し、相談者自身で解決に至る方策や選択肢、手順などについて助言することを言います。

「調整」は、「関係調整」と「環境調整」に分かれます。「関係調整」は、人間関係の調整のことを言い、相談者と相手方が話し合いで円満に問題を解決できるよう支援します。「環境調整」は、部局等の責任者に対し、職場環境や修学環境の改善を要請することを言います。

「調査要請」とは、ハラスメントの行為があったかどうかの認定のための調査を、ハラスメント相談室からハラスメント対策室に要請することを言います。ハラスメント対策室でハラスメントが認定された場合、規程に基づき、懲戒などの処分が検討されます。

つまり、本学のハラスメント相談室の相談対応は、ハラスメントかどうか白黒をつけないまま行い、ハラスメントの認定はしません。また、相談者本人の申し立てによって各相談対応が行われるものではなく、相談者の要望があったときに、ハラスメント相談室が事案の内容に照らして、行うかどうかを判断します。これについては、次節9、10で詳しく説明します。

9　各対応の効果と副作用について

どのような相談対応をとるにしても、ハラスメントの訴えを前提にする限り、副作用がないとは言えません。ハラスメント相談室は、原則として相談者の希望を尊重しますが、相談者の不利益となり得る可能性についても助言し、慎重な検討を促します。得られる成果より、不利益の方が大きいと思われる場合は、相談者の希望とは異なる相談対応を勧める場合もあります。

典型的な副作用は、何らかの相談対応を行った結果、相手方との関係が気まずくなったり、職場や研究室で居心地が悪くなったりすることです。本学の「ハラスメント防止規程」では、「役員、職員及び学生等は、相談、当該相談に係る調査への協力その他ハラスメントに関する正当な対応をした者に対して、そのことをもって不利益な取扱いをしてはならない」（第一四条）と規定されています。ハラスメント相談室は相談者に二次被害が及ばないように留意しますし、実際に誹謗や中傷を受けたり、何らかの不利益な扱いをされたりするなどのあからさまな二次被害はめったにありませんが、相談者と相手方の関係に溝が生じてしまうことは起こり得ます。

例えば、学生が指導教員の指導の際の言動に悩んでおり、指導教員に注意してほしいと希望しているが、そうすることによって指導を受けにくくなると困る、というジレンマを抱えることがあります。注意をするとしても、部局長等から厳重に注意・指導をしてもらうというものから、ハラスメント相談室の相談員から指導教員に学生の気持ちを伝え、言動に配慮してもらえるよう働きかける、あるいは相談者の名前は明かさないで相談内容を伝える、というものまで、硬軟様々な相談対応があり得ます。相談の内容や、学生と指導教員との関係性などが一様ではないため、どのような相談対応が望ましいかは一概には言えませんが、どのような副作用の可能性があるかを慎重に検討します。学生と指導教員の関係の修復が困難で、学生がストレスのため体調を崩していたりする場合は、研究室の移動など、接触を避けるための支援を先に考えることがよくあります。

また、相談者がハラスメントと感じた相手方の言動と比して、あまりにも強く相手方に謝罪を求めたり、厳重な処罰を求めたりしすぎることは、相談者の利益にならないと思われることがあります。もちろん、相談者の深く傷ついた心情を蔑ろにすることはあってはなりませんが、謝罪や厳罰を求めるための時間や労力と、得られる成果が釣り合わないと予想されるときには、慎重な検討を促します。特に、相談者の側にも相応の落ち度があると思われるときは、逆に、相談者の落ち度が問題にされたり、相談者の信頼が損なわれたりするおそれがあるので、注意が必要です。

あるいは、相談者が心身のバランスを崩し、過度に他罰的になっていると思われるケースもあります。ハラスメントの相談対応が問題の解決につながらず、体調の悪化を招くことが懸念される場合は、治療を優先していただくことがあります。相談者が通院している場合は、主治医に相談することを促します。未受診の場合は、学内の保健センターなどの受診を促します。

このように、ハラスメント相談室は、相談者の要望を無条件に追認するのではなく、効果と副作用の両面を考慮してどのような相談対応が相談者の目的に叶うか、一緒に検討します。ただし、副作用にとらわれすぎると、相談者が萎縮してしまい、何ら相談対応がとられないまま、状況が改善しないおそれがあります。一方、副作用を考慮せずに相談対応を進めてしまうと、相談者の利益が少ないばかりか、大きな不利益を被る可能性があります。ハラスメントの解決に向けた対応方針を検討するのは簡単ではなく、こちらが立てばあちらが立たないというジレンマを伴うことが多いため、相談員は相談者の葛藤に寄り添いつつ、現実的かつ効果的な相談対応の選択ができるよう支援します。

10　相談対応の決定について

大学によっては、相談者の申し立てにより、「調停」「事実調査」など相談対応の手続を開始するという規程が定められています。その場合、原則として、申立書の作成や証拠の提出を相談者の責任とし、相談対応の選択も相談者の意思に委ねるスタンスになります。

6節で、本学では問題解決の手続の決定や、問題解決のプロセスにハラスメント相談室が全般的に関与する、「相談—解決一体型方式」をとっていると説明したとおり、できるだけ問題の解決につながり、相談者の不利益が少なくなるよう、相談者の要望を総合的に検討し、ハラスメント相談室の判断で相談対応を決定する方法をとっています。相談対応を行う場合の文書の作成も、ハラスメント相談室が支援します。

大学によってこのように規程や手続きが違っているのは、訴訟手続きの「当事者主義」(訴訟の審理において、主張や証拠の提出を当事者の責任とする考え方)と、「職権主義」(裁判所にも主張や証拠提出の責任を負わせる考え方)による運用の違いと類似しており、これを参考にしているところがあると考えられます。加えて、それぞれの大学の歴史や文化の影響もあり、どちらにも一長一短があります。

11 「助言」の事例紹介

「助言」は、相談者がハラスメントの被害に向き合い、問題の解決に向かってどのような方策をとるかを検討するといった相談のプロセスの全体で行われ、解決に向けた方策、選択肢やその手順など必要な情報を提供することが主眼です。

当然、「調整」や「調査要請」を行う場合にも、相談の過程において「助言」は行われますが、ここでは、「調整」や「調査要請」を行わず、「助言」のみで相談が終結する場合について説明します。

相談者が、「調整」や「調査要請」などの対応を希望せず、相談者自身が問題を解決したいという意思がある場合、例えば、話を聞いてもらって気持ちを整理したい、自身がどのようにハラスメントに対処すべきか助言がほしいというような場合は、相談員は相談者の心情に沿って事実関係と要望を聴取し、選択肢や手順を示しながら、解決に向けた方策を具体的に助言します。問題が深刻である場合は、相談者が問題を一人で抱え込まないように留意し、継続的に相談を受けます。

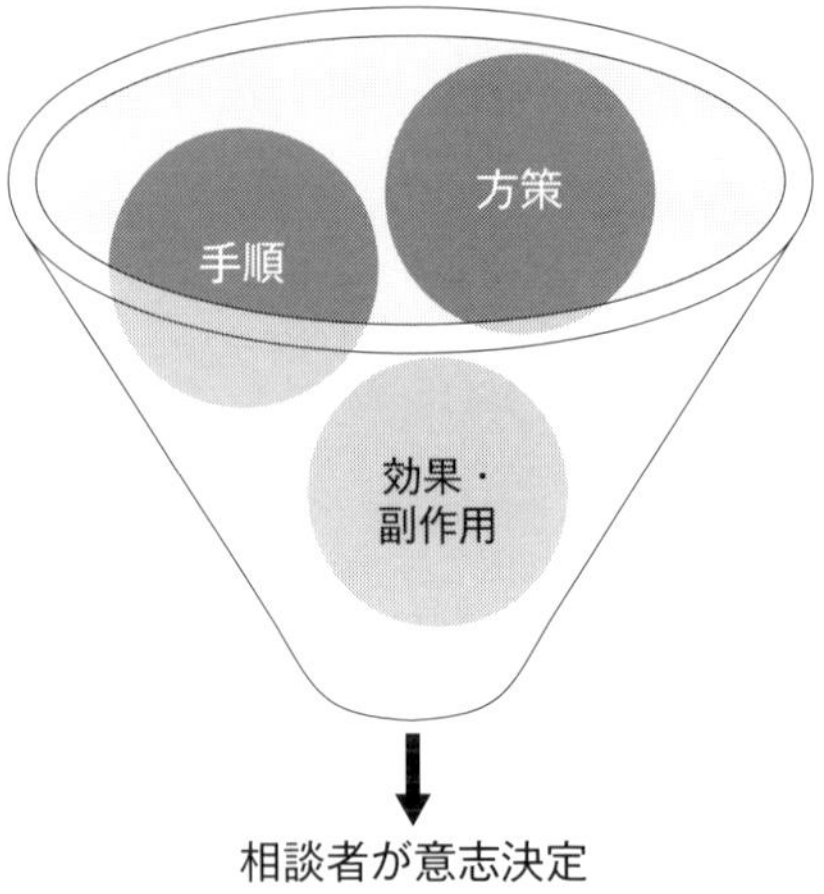

図 3-4　助言

相談者自身が、部局等の責任者に対し、相手方に対する注意・指導を求めたり、職場環境や修学環境の改善を要請したいので助言がほしいという場合もあります。そのようなときは、ハラスメントの事実関係や要請の内容を整理するのを手伝ったり、部局等の誰に対して、どのような要請をするのが効果的であるか、相談者と一緒に検討したりします。この場合の「環境調整」との違いは、「環境調整」は、ハラスメント相談室が主体となって部局等の責任者に問題の解決を要請するのに対して、「助言」は、相談者が主体となって要請するのをハラスメント相談室が後方支援するところです。

【模擬事例1】　相談者Ａ　女性　学生（学部四年）、相手方Ｂ　男性　学生（博士課程）

（相談）

Ａは、Ｂから、一回で分からないと「理解力がない」と言われたり、「研究の指導をしているのだから俺より早く帰るな」と居残りを強いられたりした。教授の前で、「Ｂの指導を仰ぐのを怠ったため実験を失敗した」と言われたこともあった。以降、ＡはＢが居そうな場所には足を運べず、授業には出ているが、研究室に入ることができない。大学院の進学も考えているため、Ｂとは会わない棟の研究室に移動したい。

（対応）

相談員より、Ａに対し、自身で研究室の移動について教授に相談をするのが良いか、環境調整を行って相談員がＡと教授の仲介役をするのが良いか、二つの選択肢を提示したところ、Ａは「まずは自分で教授に相談してみたい」と返答したので、一緒に、教授に伝えるべき内容と要望を整理した。翌日、Ａは教授に相談した。教授はＡの指導からＢを外すことを約束してくれたため、Ａよりしばらく様子をみたいとの報告があった。

12 「調整」（関係調整）の事例紹介

「関係調整」（人間関係の調整）は、相談者と相手方の問題の自主的な問題解決を相談員が支援するものです。国立大学法人北海道大学ハラスメント防止規程第八条二に相談室の業務が規定されていますが、その中の（3）「必要に応じ、相談の当事者に対する調整を行うこと」という条文が「関係調整」の根拠になります。「関係調整」は、ハラスメントの認定を経ずに行われます。

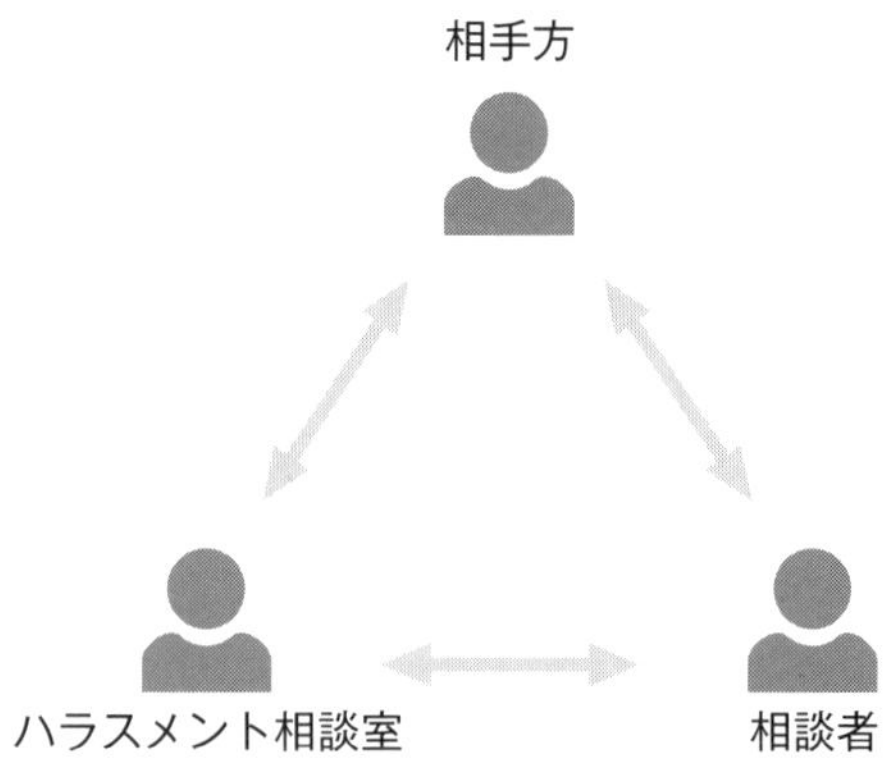

図 3-5　関係調整

相談者が相手方に対する指導や謝罪、または、相手方との接触をなくすなど具体的な措置を求めたりするような場合は、相談員の権限を越えてしまうため、「関係調整」を行うことはほとんどありません。相談者が事を公にしたり、大事にすることを望まず、相手方との人間関係の決裂を避けたり、関係の改善を望む気持ちがあり、ハラスメント相談室が「関係調整」を行うのが相当であると判断したときに実施します。「関係調整」を行うためハラスメント相談室から相手方に連絡するときは、ハラスメントの認定や処罰を目的としていないこと、相談者から人間関係のトラブルについての相談があったこと、ハラスメント相談室が中立的な立場で関係を修復する手伝いをしたいということを相手方に丁寧に伝えて理解を得るように心がけます。

典型的な進め方は次のとおりです。まず、相談員が相談者の相談内容や要望を整理します。次に、相手方と面談して、相談者の困っている点や心情、要望を伝え、それに対する相手方の認識や心情、意向を確認します。最後に、相手方から聴取した内容を相談者にフィードバックします。このようにして、双方の認識や気持ちのすれ違い、コミュニケーションのギャップを埋めることで、相談者と相手方の自主的な問題解決を支援します。

相談者と相手方が話し合いをする場に、相談員が立ち会うパターンもあります。一部の大学で規程のある「調停」の制度に類似しますが、これを相談員が担当するのが、本学の特徴です。具体的な方法は、まず、相談者と相手方に同じ日に来てもらい、別々の待合室に待機してもらいます。そして、相談員が待機する部屋に代わる代わる入室してもらい、交互に話をします。双方の希望があれば、相談員の立会いのもと、相談者と相手方が同席して話し合います。

「関係調整」を行う場合、問題の根深さや、相談者と相手方の関係性、相談者と相手方の認識の差などにより、結果が大きく異なります。相手方が相談者の主張を認め、謝罪の意向を示すこともあれば、相手方がハラスメントの加害行為をした認識がなく、話し合いが物別れに終わることもあります。そのような場合も、「関係調整」を行うことは決して無駄なことではなく、相談者と相手方双方がお互いの認識や心情について知り、自らの行動を顧みる機会になることが多いと感じられます。

【模擬事例2】相談者C　女性　学生（修士課程）、相手方D　男性　学生（博士課程）

（相談）

Cと先輩のDは、同じ研究室に所属していた。CはDから研究を教わることが多く、優しい先輩と思っていたが、日常生活をしつこく尋ねるなどプライベートに介入してくるため困惑していた。ある日、Cは急いでデータをとるため、Dに実験を指導してもらい、夜遅く二人きりになった。実験の途中、背後からDが体を密着させてきた。Cはさりげなく避け、理由をつけて実験室から出た。以降、CはDと顔を合わせるのも嫌になり、避けるようになった。

Cは、Dに嫌だったことを伝えたい。Dに謝ってもらいたいわけではなく、同じことをしてほしくない。Dと会うことも連絡をとることも望んでいない。

（対応）

Cの相談概要と要望をハラスメント相談室で協議し、「関係調整」を行うことが決定したため、Dと面談したところ、Dは概ね事実について認め「Cに好意を抱いており、気持ちを抑えきれずCに触れてしまった。嫌がっているのが分かって、それ以上は何もしなかったが、自身が加害者となってしまったことが申し訳ない。安易な謝罪や接触が良くないことを理解している」と述べた。

Dの面談時の様子をCまでフィードバックすると「大変気持ちが楽になりました」という感想をいただき、相談を終了した。

【模擬事例3】相談者E　女性　学生（博士課程）、相手方F　男性　教員（助教）、関係者G　男性　教員（教授）

（相談）

Eは、F助教から研究の指導を受けていたが、実験作業中、F助教から「作業が遅い」「報告が遅い」「仕事が遅いからあなたとは一緒に働きたくない」と突然強い口調で言われた。また、論文の作成にあたって「この間、注意したことが直っていない」といった指摘を受けることが度々あった。しまいには、「あなたの顔を見たくない、あなたの態度が悪いから」と言われ、一対一のミーティングが行われなくなった。Eは指導教員のG教授に相談し、G教授に間に入ってもらって話し合いをしたところ、F助教は逆に、「Eから研究室で悪口を言いふらされている」と強く不満を言い、話し合いがつかなかった。

G教授は、Eから相談を受けた数日後、ハラスメント相談室に来室した。EとF助教の件について、研究室だけで対応することも検討したが、G教授はE、F助教それぞれと利害関係があり、対応が難しいため、ハラスメント相談室に仲裁をお願いできないか考えたということであった。

（対応）

Ｅ、Ｆ助教は、Ｇ教授に勧められ、ハラスメント相談室の相談員を介した話し合いを希望したため、当室で「関係調整」を行うことになった。相談の日は、Ｅ、Ｆ助教にはそれぞれ別室に待機してもらい、交互に相談室で話を聞いた。Ｇ教授は、全ての話し合いに同席した。

Ｅの主張は前述のとおりであった。Ｆ助教は、Ｅの話には誇張があると言いながら、概ね、Ｅが主張するような発言を行ったことを認めた。ただし、Ｅが大学内の共有スペースで、Ｆ助教がある大学院生と親密でひいきをしているなどと、他の複数の学生に言いふらしているところを偶然目撃し、根拠のない批判や悪口を言われて精神的につらい思いをしていると述べた。Ｅは、Ｆ助教が目撃したとおりの内容の話をしたことを認めたが、あくまでも噂話であり、プライベートの会話を盗み聞きすることは問題であると主張した。

ＥとＦ助教は、現状を快く思っておらず、研究を充実させたいという気持ちでは一致していたため、相談員の助言で双方が謝罪し、今後、過去の行為については蒸し返さず、研究のパートナーとして節度を持った言動を心掛けるということで合意した。Ｇ教授は、合意の内容を尊重し、研究室でＥとＦ助教の関係が良好に保てるようサポートしたいと述べた。

【模擬事例4】相談者H　男性　学生（修士課程）、相手方I　男性　教員（教授）

（相談）

Hは、I教授から指導の際に「大学三年からやり直した方が良い」などと厳しく言われることが度々あり、指導は常に一対一で行われていたため、I教授の研究室に入ることや、指導を受けることが億劫になった。さらには、授業への欠席が増え、I教授の講義のレポートを提出した際に、他の学生の文章の一部をコピーしてしまったことなどから、I教授から厳しく注意され、冷たい態度をとられるようになった。I教授のHに対する言動はハラスメントではないかと思うこともあるが、Hは自分にも落ち度があると自覚しており、無事に修了することを目指しているので、I教授の言動をハラスメントとして訴えるつもりはない。I教授から見放されているように感じており、研究が進まなくなってしまったので、I教授との関係を改善するためにどうしたらいいか相談したい。

（対応）

ハラスメント相談室で検討して「関係調整」を行うことが決まり、Hと、I教授との関係を改善するための方法について検討したところ、相談員からI教授に対し、HがI教授との関係を改善したいという気持ちがあることを伝えた後、HがI教授と面談するという方針が決まった。相談員がI教授と面談し、Hの要望を伝えたところ、I教授から見るとHの不真面目な態度が目立ち、反省の色が見えなかったので憤りを感じていたが、I教授もHに厳しく言い過ぎたところがあったと振り返り、Hと話し合いを行うことを了承した。

相談員は、HがI教授に自分の気持ちを伝える自信がないと言うので、伝えるべき内容を助言し、I教授との面談に備えた。HがI教授と面談したところ、I教授とHの関係が改善したため、Hは無事に修士課程を修了することができた。

【模擬事例5】　相談者J　女性　事務職員（契約職員）、相手方K　男性　課長（正職員）

（相談）

Jはある障害のため障害者枠で採用され、勤務していた。Jは配置された部署の仕事が合わないと感じていたため、課長と面談の機会に、別の係への異動を希望することを話したところ、確約はできないが、異動できる可能性はあると言われた。話の内容や雰囲気から、Jは期待ができるという感触を得た。

年度が変わったある日、後任のK課長から突然呼ばれ、会議室で面談した。JはK課長とほとんど面識がなかった。業務に関する面談であったが、異動の話がまったく出なかったので質問したところ、「前課長から引継ぎを受けているが、基本的に係の異動はない」と淡々と説明され、短時間で面談が終わった。口調や話の内容から、Jの能力を否定し、契約職員を軽んじているように感じた。Jは、面談後、精神的に落ち込み、仕事を休んだ。最近はやや落ち着いたが、現在も不調である。相談員から、K課長の面談がもとで、病状が悪化したということをK課長に伝えてほしい。

（対応）

ハラスメント相談室で検討したところ、Ｊの要望は相談員による「関係調整」がふさわしいという結論になり、相談員がＫ課長と面談した。Ｋ課長にＪの相談内容を伝えたところ、Ｋ課長はＪの障害を承知しており、配慮しながら面談したつもりであったが、Ｋ課長自身、課長に就任したばかりで不慣れなところもあり、「緊張して冷たい印象を与えたかもしれず、申し訳なかった。もう一度Ｊと面談して謝罪したい」と述べた。Ｋ課長の意向をＪが了承し、所属の部署の部長の立会いのもと、Ｋ課長とＪが再び面談した。後日、Ｊから、Ｋ課長と面談した結果、わだかまりがとけたという報告があった。

【模擬事例６】　相談者Ｌ　男性　教員（教授）、相手方Ｍ　男性　教員（教授）

（相談）

Ｌ教授は、同僚のＭ教授から攻撃的な言動をされて困っている。研究の在り方に関して厳しいメールを受けたり、教員会議の際、Ｌ教授が何気なく発言したことに対して、Ｍ教授から大声で怒鳴られたりしたことがあった。同様の行為が長年続いていて、今後も続く可能性が高い。Ｍ教授の言動により体調を崩している。この内容でＭ教授に対する処罰を求めるのは難しいのは承知しており、大事にすることも望まないが、Ｍ教授に言動に気をつけるように伝えてほしい。

（対応）

Ｌ教授の要望をハラスメント相談室で検討した結果、「関係調整」を実施することが決まり、相談員からＭ教授に連絡をとって面談を行った。Ｍ教授は、Ｌ教授に対する言動の詳細は記憶していないが、Ｌ教授から見下されるような言動をされることが多く、会議で頭ごなしに発言を否定されるなどしたため、感情的になってしまった。これからは距離を置いて淡々と話をするようにしたいが、Ｌ教授も見下したような言動を控えてほしいと述べた。

Ｌ教授にＭ教授との面談の結果を伝えたところ、Ｍ教授が自らの言動をあまり覚えていないと発言したことには不満があるが、今後感情的にならないようにしたいという言葉を得られたので、様子を見たいと話した。また、Ｌ教授がＭ教授を見下したような発言をしたという意識はないが、誤解がないようにしたいと述べた。

13　「調整」（環境調整）の事例紹介

「環境調整」は、ハラスメント相談室が、相談者の所属する部局等の責任者に対して、相談者が安全な環境で職務または修学に取り組めるような措置をとることを依頼するものです。国立大学法人北海道大学ハラスメント防止規程の第四条に「部局等の長は、当該部局等におけるハラスメントの防止等に関する指導・啓発等を行うとともに、ハラスメントに起因する問題が発生した場合には、

（略）ハラスメント対策室及びハラスメント相談室と連携して、迅速かつ適切に対処しなければならない」との条項があることに加え、第八条二号（4）に、ハラスメント相談室の業務として、「ハラスメントに起因する問題の解決に関し、部局等の長に対し勧告、指導又は助言を行うこと」との条項が定められていることが根拠となっています。「環境調整」は、ハラスメントの認定を経ずに行われます。また、相談者の申し出により実施が決まるものではなく、ハラスメント相談室が相談者の要望を受けて、相当と判断した場合に実施することを決定します。

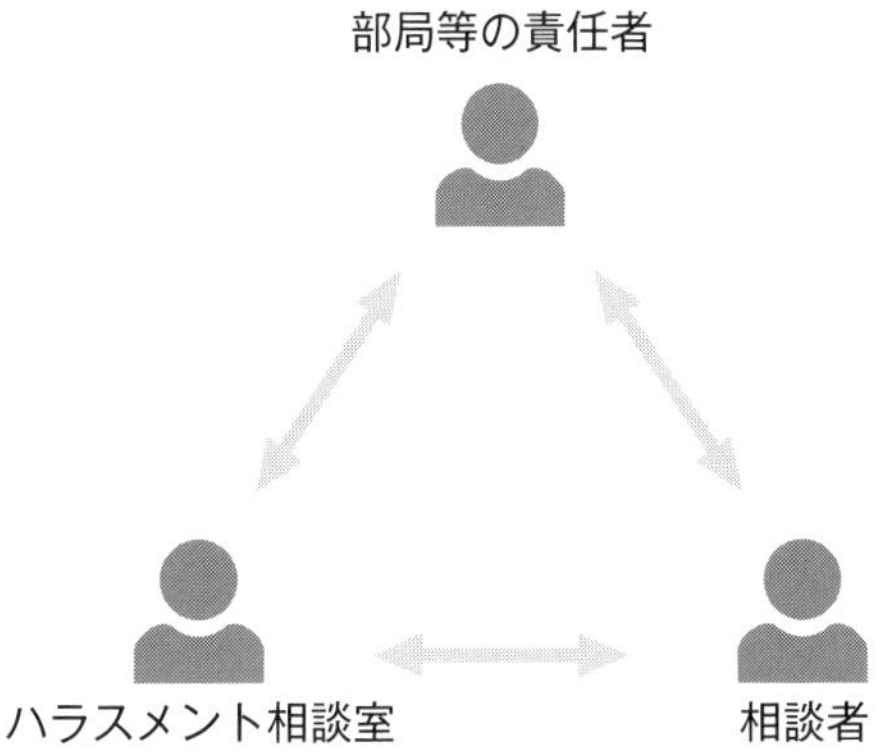

図 3-6　環境調整

典型的なケースは、相談者がハラスメントの認定や懲戒処分までは望まないが、相手方に対し注意・指導をしてほしい場合や、執務室・研究室の移動または指導教員の変更、その他執務上・修学上の救済措置を望む場合です。ハラスメント相談室には、そのような具体的な措置を講じるための権限がないので、権限を持っている当該部局等に、ハラスメント相談室長名の文書で「環境調整」の要請を行います。柔軟かつ迅速な対応ができるところが最大の利点であり、特に、健康被害が生じている場合や、放置すると事態が悪化す

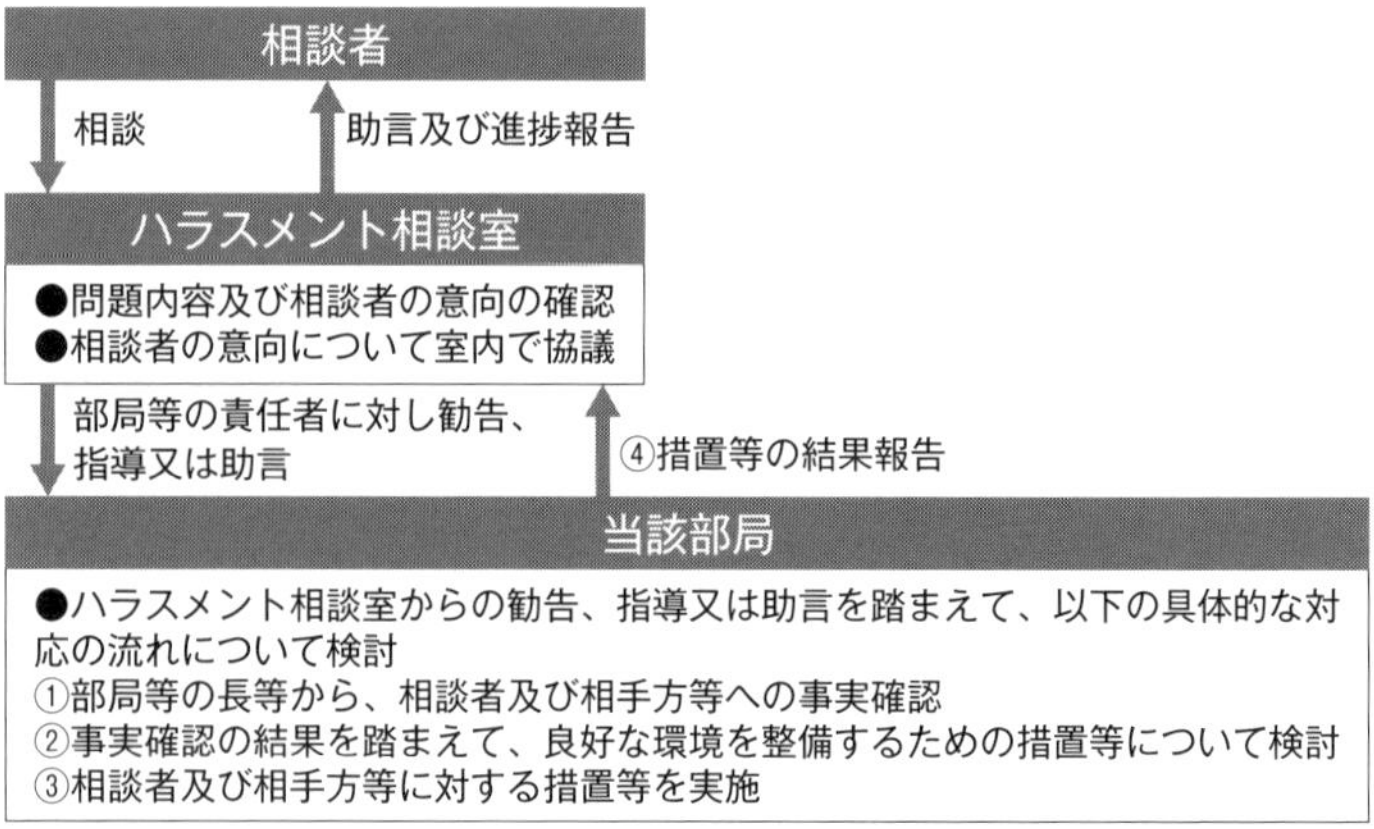
相談者
相談
助言及び進捗報告
ハラスメント相談室
●問題内容及び相談者の意向の確認
●相談者の意向について室内で協議
部局等の責任者に対し勧告、
指導又は助言
④措置等の結果報告
当該部局
●ハラスメント相談室からの勧告、指導又は助言を踏まえて、以下の具体的な対応の流れについて検討
①部局等の長等から、相談者及び相手方等への事実確認
②事実確認の結果を踏まえて、良好な環境を整備するための措置等について検討
③相談者及び相手方等に対する措置等を実施

図 3-7　環境調整フローチャート

るおそれがある場合には、迅速な対応を依頼します。「環境調整」の要請を受けた部局等は、最初に、責任者が事実確認を行います。事実確認を部局等が行うことで、いち早く事実確認の結果を踏まえた措置等の検討、実施ができます。また、相談者がハラスメントと訴える問題の内容は、当該部局特有の環境や人間関係などの事情、もしくは、学問上の専門的な内容を含むことも多く、当該部局で事実確認を行うことが望ましいと言えます。

事実確認を踏まえて、責任者の判断や権限によって、相手方に注意や指導をしたり、相談者と相手方の接点を減らすための措置を講じます。部局長など当該部局の研究室や職場の状況に明るい方を通じて、相談者が修学や就労に専念できる良好な環境が整うよう方策を検討・実施いただくことで、実情に即した適切な環境の調整を行うことが期待できます。「環境調整」の結果は、ハラスメント相談室に文書で報告されます。

【模擬事例7】相談者N　男性　学生（修士課程一年）、相手方O　男性　教員（教授）

（相談）

Nは、指導教員のO教授から、繰り返し侮辱的な発言を受けている。指導のときに机をたたいて大声を出されたり、質問に答えられないと「研究をやめろ」と言われたりする。ある日は、「バカなの」「小学生でもわかるだろ」「もっと本気でやれ」と怒られた。頻繁に大声で怒鳴られることに耐えられず、不眠や食欲不振の症状が現れ、研究室に行くことに恐怖心を感じるようになった。心身ともに限界であるため、研究室の移動を希望したい。O教授の発言は、一部録音している。処罰までは求めないが、同じ研究室に同様の被害を受けている学生がいるので、研究室を移動したら、O教授に注意してほしい。

（対応）

ハラスメント相談室は、O教授が所属する部局において、至急修学環境の改善に向けた調整が必要であると判断し、学院長に対して「環境調整」を依頼した。学院長から依頼された専攻長が、Nと面談を行った上で、Nの研究を継続して指導できる教員を探して仲介するなどの支援を行った結果、無事に研究室の移動をすることができた。O教授に対しては、専攻長が、Nの体調の悪化と研究テーマの変更を理由に研究室の移動を行うことを説明し、研究室移動の手続を代行して、NとO

教授が接触しなくて済むように配慮した。

Nが研究室を移動した後、学院長がO教授に対して事実確認のためのヒアリングを実施したところ、当該教授は相談者から申出のあった事実について概ね認め反省の弁を述べたため、厳重に注意した。

【模擬事例8】　相談者P　女性　事務職員（係員・正職員）、相手方Q　男性　事務職員（課長・正職員）

（相談）

職場のQ課長の仕事の進め方が一方的で、軽微な仕事のミスに関しても、仕事に対する姿勢を強く叱責される。ある文書の草案を作成したところ、細かなミスや、Q課長の指摘どおりに修正されていないことを叱責された。Q課長は現在の部署に着任して間もないが、必ずしも部署の業務に精通しておらず、不合理な指示も散見される。説明をしても、「これ以上議論するつもりはない。言うとおりにするように」と言われ、まったく受け付けてもらえない。このようなことが度々あり、職場に行きたくない気持ちが日に日に増して、不眠や食欲不振の症状が現れ、仕事を休むことが増えたが、休みをとろうとすると、「取り組んでいる仕事は期限に間に合うのか」と嫌味を言われる。Q課長に、ハラスメント相談室に相談したことが分かるとどのような反応をされるか怖いので、どうしたらいいか分からない。上司の部長とはほとんど話をしたこともなく、相談することに躊躇がある。

（対応）

ハラスメント相談室で検討した結果、Ｐの就業環境の改善に向けた調整のため、上司の部長に「環境調整」を依頼することが望ましいという方針がまとまり、Ｐの許可を得て、ハラスメント相談室が部長に「環境調整」を依頼した。部長はＱ課長と面談して事実確認を行い、今後、Ｐが困らないように継続的にサポートしたいと述べた。Ｐがその方針を了承したため、部長はＰから改めて事情や要望を確認した後に、Ｑ課長と面談した。Ｑ課長はＰの相談内容の事実を概ね認めたため、部長から注意したところ、その後Ｐに対する指導を係長に任せるようになり、問題のある言動もなくなった。

14　相談することを迷っている方へ

第二章では、ハラスメントを受けた方がハラスメントの相談をためらうことが珍しくないことや、ハラスメントの被害に遭った学生と教職員がこころとからだの健康を保つために、身近な信頼できる人に相談することの重要性を説明しました。

相談室に相談することについての一般的なメリットについて、中川らは次のように述べています。「相談をすることにより、自身の中で混乱していた思いや状況が整理できる可能性が高い。そして少し落ち着いた状態で、自身のとりうる手段を考えられるメリットは大変大きい。そこで自身の問題対処能力への信頼感を取り戻し、（中略）その話し合いの過程を窓口担当者がサポートし、職場内・集団内のコミュニケーションをも取り戻していくことができた事例もかなり存在する」（中川ら二〇〇九）。

残念ながら、相談室ができることには限界があり、相談員も万能ではありません。ハラスメントの被害に遭った学生と教職員の問題について、必ずしも相談者の満足のいく援助ができないこともありますが、相談員は相談者の窮状に思いを巡らせながら一筋の光明を見出すことができるような支援をしたいと考えています。ご相談の秘密は固く守られますし、相談者の了解なく勝手に行動を起こしたりしませんので、お気軽にハラスメント相談室をご利用ください。

参考文献

葛文綺（野々村文綺）、二〇一九、「研究1　大学のハラスメント防止・相談体制に関する質問紙調査」『大学における有効なハラスメント防止・相談体制の構築に関する研究』、文部科学省科学研究費補助金（基礎研究C）研究成果報告書　課題番号16K04354、二一—三〇頁。

葛文綺（野々村文綺）、二〇一九、「研究のまとめ」『大学における有効なハラスメント防止・相談体制の構築に関する研究』、文部科学省科学研究費補助金（基礎研究C）研究成果報告書　課題番号16K04354、四二—四四頁。

国立大学法人北海道大学ハラスメント防止規程、https://www.hokudai.ac.jp/jimuk/reiki/reiki_honbun/u010RG00000464.html

中川純子・村上嘉津子・杉原保史・和田竜太・青木健次、二〇〇九、「ハラスメントの防止のために」『京都大学カウンセリングセンター紀要』38、二五頁。
名古屋大学ハラスメント救済措置等に関する細則、
https://education.joureikun.jp/thers_ac/act/frame/frame110001247.htm
文部科学省、二〇一八、『大学における教育内容等の改革状況について(平成三〇年度)』。
吉武清實、二〇一二、「大学におけるアカデミック・ハラスメント対策」、井口博・吉武清實著『アカデミック・ハラスメント対策の本格展開―事案・裁判の争点／規程・体制の進化／相談・調整の要点』、地域科学研究会高等教育情報センター、六九頁。

第四章　裁判例からみるアカデミック・ハラスメント、セクシャル・ハラスメント

これまでの章ではアカデミック・ハラスメント、セクシャル・ハラスメントの定義や類型など、それらに対するハラスメント相談室での対応についてみてきました。この章では、裁判にて争われることとなった深刻なハラスメント行為について、裁判例を通じて具体的にみていきたいと思います。

まず、裁判例をみていくにあたって、裁判ではどういった請求がなされ、どのような争いになっているのかといった点を説明します。そして、セクシャル・ハラスメントやアカデミック・ハラスメントに関するいくつかの裁判例を検討しながら、具体的にどのような行為が問題とされているのか、訴訟ではどういった結論に至っているのか、ということについてみていきたいと思います。

ちなみに、裁判例は、判決日時、裁判所名、出典から特定されます。「最判」とは最高裁判所の意味で、裁判所はその他に、高等裁判所（高裁）、地方裁判所（地裁）、簡易裁判所（簡裁）、家庭裁判所（家裁）があります。簡裁は、訴訟の目的となる価格が一四〇万円を超えない事件を取り扱うのですが、アカデミック・ハラスメント、セクシャル・ハラスメントに関する労働事

件においては多くが地裁からスタートしています。地裁の判断に不満があれば高裁に控訴し、高裁の判断にも不満があれば最高裁に上告することになります。後述する裁判例をみていただくにあたって参考にしてください。

1　ハラスメントに関する裁判例の類型

ハラスメント加害者の責任

ハラスメントの加害者に対しては、次のような責任が生じます。

①刑事上の処分

アカデミック・ハラスメントのうちでも、悪質なもの、例えば、傷害罪や暴行罪に該当しうるもの、セクシャル・ハラスメントのうちでも、性交渉や性的な接触行為をした事例で強制性交罪、強制わいせつ罪等に該当しうるものは、刑事上の処分の対象になりえます。

②民事上の損害賠償請求

被害者は加害者に対し、精神的、身体的苦痛を被ったことを理由に損害賠償請求ができます（民法七〇九条）。また、加害者が大学の教職員であり、ハラスメントが業務に関連して起きた場合には、大学に対し、使用者責任を追及し損害賠償請求をすることが考えられます（民法七一五条）。さらに、被害者は、大学がハラスメントを認知しながらも対応を怠った場合等、就学環境や就労環境を整備する安全配慮義務に違反したとして、大学に対して損害賠償請求をすることが考えられます（民法四一五条）。

　ハラスメントの被害は、精神的な苦痛を受け被害申告が難しく、訴えるまで時間を要してしまうこともありえます。従来、不法行為による損害賠償請求権（民法七〇九条、民法七一五条）については、損害及び加害者を知ったときから三年間で時効に、不法行為があったときから二〇年間で権利が行使できないとされていました（旧民法七二四条）。また、安全配慮義務による損害賠償請求権は一〇年間で時効になるとされていました（旧民法一六七条）。

　しかし、近年民法が改正され、二〇二〇年四月一日以降の出来事については、損害及び加害者を知ったときから三年間で時効ではあるものの、ハラスメントによって生命、身体を害する不法行為を発生させた場合には損害及び加害者を知ったときから五年間で時効になるとして期間が延長されています（改正民法七二四条の二）。また、不法行為があったときから二〇年間で時効との規定も置かれています（改正民法七二四条）。一方、安全配慮義務による損害賠償請求権は、もともと一〇年間であったものが、権利行使できることを知ったときから五年間で時効になると短くなりましたので、注意が必要です（改正民法一六六条一項一号、表４－１）。

表 4-1　生命・身体に対する損害を与えた場合の損害賠償の時効について

	改正前	改正後
不法行為	損害及び加害者を知ったときから3年間	損害及び加害者を知ったときから5年間
	不法行為から20年間（除斥期間）	不法行為から20年間（時効）
安全配慮義務違反	権利を行使できるときから10年間	権利を行使できることを知ったときから5年間

ハラスメントによる精神的苦痛により被害を訴えることが困難であったり、職場の人間関係ゆえなど様々な事情で直ちに損害賠償を請求することが困難な場合はありえます。しかし、損害賠償を請求するにあたっては、ハラスメントを立証するための証拠が必要になるにもかかわらず、時間の経過とともに証拠が散逸してしまったり、被害を受けた記憶や目撃者の記憶も薄れてしまいかねません。したがって、損害賠償を請求する場合には時間が経過してしまうことは望ましくありません。

③懲戒処分

大学の教職員がハラスメント行為を行った場合、大学での懲戒処分の対象になりえます。

懲戒処分の種類としては、各大学の就業規則で定められ、懲戒解雇、諭旨解雇、停職、出勤停止、減給、戒告等といったものがあります。

一般的に、懲戒処分は、職場の秩序を維持するため、労働契約関係に基づき使用者が行いうるものとされています。ハラスメント行為に対する懲戒処分は何年前までの行為が対象になるかということが問題になることがありますが、懲戒処分について明確に時効といった規定はありません。ただ、かなり以前の行為であることは、職場秩序を維持するために懲戒処分を行う必要性があるか、また相当な処分といえるか、といった観点から、懲戒処分の有効性の判断に影響を与えます。この点、上司に対する暴行をした者に対し、事件発覚後七年経過後に諭旨退職処分をした案件では、処分時点においては企業秩序維持の観点から重い懲戒処分を必要とする客観的に合理的な理由を欠き、相当性もないとして懲戒権の濫用にあたり無効である、と判断されている例があります（最高裁平成一八年一〇月六日労判九二五号一一頁）。

裁判の類型

裁判にてハラスメントが問題になる例としては、被害者が、加害者や大学に対し、損害賠償請求をする類型があります。また、加害者として懲戒処分された教員や職員から大学に対し、懲戒処分の無効の確認を請求することがあります。懲戒解雇処分や諭旨解雇処分の無効を争う場合には、地位確認請求に加えて、処分時から得られた賃金の請求をするといった訴訟の類型があります。

大学におけるハラスメントは、教員から学生に対するもの、教職員間のもの、事務職員に対するものなど、いくつかの関係性の中で起こりうるものです。以下では、被害者が加害者や大学に対して損害賠償を請求するといった例（以下、「**被害者からの損害賠償請求型**」）、加害者とされた教職員が大学に対し懲戒処分の無効を争う例（以下、「**加害者からの懲戒処分無効請求型**」）を中心に、どういった関係性の中で生じた紛争かを分類しながら、具体的な裁判例の内容をみていきたいと思います。

2　教員と学生間のハラスメント

セクシャル・ハラスメント

①教授が学生のマンションで滞在、メールの送信、食事への誘い（加害者からの懲戒処分無効請求型）

私立大学の教授が、女子大学院生が単身居住するマンションの一室に一晩滞在したこと、その後に教授が女子大学院生宛にメールを繰り返し送信し食事に誘った行為が、いずれもセクハラ、アカハラに該当するものとして懲戒事由に当たり、当該教授に対し五年間の准教授への降格処分がなされました。

これに対し、当該教授が、教授としての地位確認と、給与等の差額の支払い請求をしました。

第一審判決では、大学院生の同意がないとしてマンションに一晩滞在した行為は懲戒事由に当たるものの、その後のメール送信や食事に誘う行為は謝罪目的であったとして懲戒事由に該当しないと判断されました。ただ、マンション滞在行為だけでも五年間の准教授降格処分に違法はないと判断されています（東京地判平成三一年一月二四日判タ一四六七号五八頁）。

しかし、控訴審では、マンション滞在行為後のメール送信行為や食事に誘う行為も、大学院生と個人的に親しくなりたいという動機目的があって、大学院生に性的不快感を与え、修学環境を悪化させたとしてマンションに一晩滞在する行為とともに懲戒事由に該当すると判断され、五年間の准教授降格処分に違法はないと判断されました（東京高判令和元年六月二六日判タ一四六七号五四頁）。

マンション滞在後の謝罪目的として送信したとされるメールや食事に誘うといった行為は、謝罪を装って、被害者を不快にして、修学環境を悪化させるという二次的被害を生じさせるリスクが高いことに照らし、これ自体もセクシャル・ハラスメントに該当しうると判断された点は、セクシャル・ハラスメント行為の該当性を判断する上で参考になります。

②研究室にて性交渉の事実を疑わせる状況を作出（加害者からの懲戒処分無効請求型）

国立大学法人の准教授が、研究室において大学院生であったAと深夜に二人きりでいたという性交渉の事実を疑わせる状況を作り出した行為が、就業規則の懲戒事由に該当するとして、停職六カ月の処分を受け、これに対し、准教授が停職処分の無効確認及び停職期間中の賃金請求を求めました。

深夜の研究室という密室の中での出来事について、大学での認定は性交渉の事実までは推認されなかったのですが、判決では、「性交渉に及んだことが相当程度の蓋然性をもって認められる」といった判断がなされています。

ただし、本件が公表されたのは行為が行われたときから八年半が経過した時点でのことでした。そのため、本件が公表されたことによる大学の社会的信用の低下は限定的なものにとどまると考えられること、停職期間中に准教授の被る不利益も大きいこと等の事情に照らして、停職期間としてはせいぜい三カ月程度にとどめるのが相当であるとして、本件処分は重きに失し裁量を逸脱した違法があると判断されました（大阪地判平成二三年九月一五日労判一〇三九号七三頁）。

事実関係について争いがある密室での出来事について事実を認定することは困難ですが、間接的な証拠（親密さをうかがわせる電子メール）・証言（加害者とされる者の供述からも午後九時頃に研究室に誘い、二人きりで相当な時間を過ごしたことを認めていること、被害者が明確に被害を申告していること）などから事実を推認して判断している点は参考になります。

また、前述したとおり、懲戒処分は職場秩序維持のために行使されるものであるところ、懲戒処分の重さを検討するにあたっては、八年半以上前の行為であることは処分内容の相当性を否定する事由として考慮されています。

③教授のストーカー的言動（被害者からの損害賠償請求型）

大学生が、「大学教授であったYから、試験をすると称して自宅に呼びよせられて結婚を求められたり、執拗に電話をかけられたりするなどのストーカー行為を受けた。」などと主張して、Ｙに対し慰謝料の請求をし、二五〇万円の慰謝料が認められた例があります（東京地判平成一三年四月二七日判タ一一〇一号二二一頁）。

教授は、教授自身が躁状態であったこと、教授の行動が学生に対する愛情に基づいたものであり、学生にも教授の求愛行動を助長するような行動があったなどとして、自らの行動を正当化し、争っていました。しかし、教授が自身の行為の結果について理解できる能力を欠いているといった証拠は見当たりませんでした。また、教授が一方的に学生と相思相愛であると思い込み、試験を実施する目的で自宅まで呼び出し、婚姻届けを示すなどして婚姻をせまり、その後学生と連絡がとれなくなると一日に数回も携帯電話に電話をかけ、学生の自宅にも訪問するなどといった行為をし、学生が恐怖感から神経症になって登校が困難となったという事実経過があり、教授の主張は排斥されています。

④大学院生に対する性交渉を含むハラスメント（被害者からの損害賠償請求型）

助教授が大学院生の論文製作指導中に性的な冗談を言うなどして大学院生に不快感を与えるとともに、交際を迫り、自宅に執拗に電話を掛けて私生活の平穏を害しました。さらに助教授は、大学院生から不安神経症で通院していることを打ち明けられるとそれを奇貨として、症状の治療のためとして肉体関係を結ばせました。その後、大学院生が立ち直って交際を拒絶すると、論文の書き直しを命じるなどして報復し、加えて大学院生に異様な電話を掛けたり、用がないのに院生室に出入りしました。このことは、私生活及び研究教育環境の平穏を害して人格権を侵害したとして、損害賠償の請求をした事件において、これら一連の行為は不法行為を構成するとして七五〇万円の慰謝料の支払いが命じられています（仙台地判平成一一年五月二四日判タ一〇一三号一八二頁）。

同種事例に比較すると七五〇万円の慰謝料は相当高額であると考えられます。ただ、性交渉という悪質なセクシャル・ハラスメント、関係を拒絶した後に嫌がらせをするといった教育者にあるまじき振る舞いであるといった点が十分に考慮された上での判断であったことがうかがわれます。

アカデミック・ハラスメント

①教員から大学院生に対する不合理な指示等（被害者からの損害賠償請求型）

国立大学法人の教授がゼミに所属する大学院生に対し、次の複数の行為をしたことを理由に、大学院生が損害賠償を請求した例があります。

・大学院生が作成した修士論文冒頭の「問題と目的」について理由を告げることなく突き返したにもかかわらず、他のゼミ生に対して「私が今日一度書いてあげましょう」と全く違った対応をした。

・研究のため不登校の子どもの保護者と面談する際の準備について、丁寧に説明せず前後で矛盾するかのような指示をした。

・大学院生が修士論文の「問題と目的」を発表した際に、理由を告げることなく「データを捨てろ」「一行目から全部リセットしろ」と命じた。

・講義やゼミなどの際に大学院生を度々「おばさん」等と呼んだ。

など一五項目の行為について、違法と認められました。

そして、他のゼミに移籍するまでの五カ月間研究活動がまともにできず、不登校の問題についての研究をあきらめざるを得なかったこと、ゼミの移籍に伴ってその後の研究活動に一定程度支障が生じたとして、教員の行為による慰謝料として一〇〇万円、大学の安全配慮義務違反による慰謝料として三〇万円の支払が認められました(神戸地姫路支判平成二九年一一月二七日判タ一四四九号二〇五頁)。

この判決の中では、アカデミック・ハラスメント行為の特徴や判断方法について判断を示しているので、ご紹介します。

「指導教授による学生に対するアカデミックハラスメント行為は、指導者である教授が、学生の単位や卒業の認定、論文の提出の許可などについての強い権限を持つという圧倒的な優位性に基づき、学生に対して行われる暴言、暴力や義務なきことを行わせるなどの理不尽な行為をいい、研究室の閉鎖性・密室性ゆえに発生するものである。具体的な例としては、学習や研究活動の妨害、卒業や進級の妨害、指導の放棄、指導上の差別的な取扱い、研究成果の収奪、暴言や過度の叱責、誹謗中傷、私用の強制、プライバシーの侵害などが挙げられる。そして、これらの行為は、学生の人格を傷つけるとともに、学習環境を悪化させることで、学生の学習、研究活動の権利を奪う違法なものである。

もっとも、教授は教育研究活動を行うに当たって広範な裁量を有することから、学生に対して教育・研究活動の一環として指導や注意等をすることも教授の裁量として認められ、直ちに違法であるとはいえない。そうすると、教授の学生に対する言動がアカデミック・ハラスメント行為に該当し、違法であるか否かは、その言動がされた際の文脈や背景事情などを考慮した上で、教授としての合理的、正当な指導や注意等の範囲を逸脱して学生の権利を侵害し、教授の裁量権の範囲を明らかに逸脱、濫用したか否かという観点から判断すべきである。」

アカデミック・ハラスメントは、教員が学生に対して圧倒的に優位性があること、研究室の閉鎖性・密室性などという特徴があること、教育研究活動には広範な裁量があることから、逸脱・濫用があったか否かという観点から慎重な判断すべきであるといった点を示唆されています。アカデミック・ハラスメントの特徴を踏まえた上で、その該当性判断にあたって重要な観点の指摘がなされています。

②准教授から大学院生に対する暴言（加害者からの懲戒処分無効請求型）

指導担当の准教授が、次週にゼミ発表で発表予定であった大学院生に対し、突然その場で発表するよう指示し、やむなく大学院生が準備不足ながら発表しました。ところが、その後、発表の内容について五時間にわたって叱責し、他の大学院生らに対し「みんな遅くまで残ってもらってごめんね。○○さん、バカだからしっかり認識してもらわないといけないから、屈辱を与えないとだめだから」と述べて、翌日のゼミでも三時間にわたり「バカ」「あなたはだめだ」とくりかえし非難しました。

大学側は、この准教授に対し、自宅待機を命じた後、出勤停止三カ月の懲戒処分（以下「本件懲戒処分」という）としました。また、ハラスメント防止研修を受講する義務を課しました。

それに対し、准教授が、①本件懲戒処分の無効を確認すること、②出勤停止期間中及びこれに先立つ自宅待機期間中の未払賃金の支払を求めること、③本件懲戒処分及びこれに関連する大学の一連の行為並びに研修の受講により、准教授の内心の自由、教育活動をする権利、人格権及び名誉が侵害されたとして、不法行為による損害賠償請求権に基づき、慰謝料及び弁護士費用の合計二四〇〇万円等を求めました。

これに対しては、東京地裁、東京高裁ともに准教授の行為はアカデミック・ハラスメントに該当すると判断して、准教授の請求をいずれも認めませんでした（東京地立川支判平成二五年五月一三日労判一一〇一号一三七頁、東京高判平成二五年一一月一三日労判一一〇一号一二二頁）。

③指導教員から大学院生に対する言動（被害者からの損害賠償請求型）

指導教員が、大学院に在籍中の留学生に対し、研究室で「バカ野郎」「頭おかしくないか」と発言しました。その指導教員は、二年では大学院を修了できないことを見越して、論文提出が無理なので後期休学するよう求め、本人に休学の意思がないことが明らかとなった後もその家族にまで執拗に休学を勧め、深夜にわたり数時間かけて説得し、休学するという誓約書まで書かせようとしたといった言動がありました。

留学生が大学に対し、損害賠償請求をしたところ、裁判所は、指導教員による学費負担の軽減のための休学の勧めという趣旨は不当ではないとしつつも、暴言も含め社会的相当性を欠くものであるとして、大学に対し一一〇万円の損害賠償請求を認めています（名古屋高判平成二二年一一月四日裁判所ウェブサイト掲載判例、岐阜地判平成二一年一二月一六日裁判所ウェブサイト掲載判例）。

④大学院生を他の研究に従事させるといった方法での研究妨害（加害者からの懲戒処分無効請求型）

准教授三人が、うち一名の准教授の専門分野であるアイヌ語研究を進めるため、英語教育専攻の学生複数名を、学生らの専攻とは無関係のアイヌ語プロジェクトに半ば強制的に参加させました。そして、長期にわたり、午前八時から午前零時、あるいは徹夜にわたる作業を行わせ、学生らの勉学を阻害し、一時不登校ともいえる状態に至らしめたこと、その事態を承知した後も何ら改善策を講じなかったこと、また、准教授三名は大学における調査委員会の調査に応じなかったという点を捉えて懲戒処分（諭旨解雇）されました。

その後准教授三名は諭旨解雇処分の無効を争ったのですが、前記はハラスメント行為にあたると判断された一方、減給又は停職といった軽い処分にて反省する機会を与えることなく、懲戒処分の中で二番目に重い諭旨解雇処分を行うことは重過ぎる処分であり相当性を欠くとして、処分は無効と判断されています（札幌地判平成二二年一一月一二日労判一〇二三号四三頁）。

⑤大学院生にゼミ指導を任せるといった方法での研究妨害（加害者からの懲戒処分無効請求型）

准教授が、大学院生に学部のゼミの指導を任せ、自らはたびたびゼミを欠席したという案件において、大学院生の研究を妨害したと判断された例もあります。

この例では、准教授は出勤停止三カ月の懲戒処分及びハラスメント防止研修を受講する義務を課されましたが、その処分内容は相当と判断されています（前掲東京地立川支判平成二五年五月一三日労判一一〇一号一三七頁、前掲東京高判平成二五年一一月一三日労判一一〇一号一二二頁）。

⑥指導の放棄（加害者からの懲戒処分無効請求型）

指導教員として指導する学生二名の卒業論文が卒業判定会議において合格水準にないと判定され、その後の取り扱いを巡って学科と対立した准教授が、学生二名に対する卒業研究の指導を放棄しました。本来であればその判定などを踏まえて指導すべきところ、放棄するということは教育者としての配慮に著しく欠ける行為と判断され、必須科目の講義担当を外す措置、大学院生三名を別の研究室に移籍した各措置による給与減額は問題ないと判断されています（東京地判平成二四年五月三一日労判一〇五一号五頁）。

⑦博士論文の不受理、雑誌掲載拒否といった措置（被害者からの損害賠償請求型）

博士課程の大学院生に対し、准教授であった指導教員が修了年度に博士論文作成のためのデータ不足を指摘したところ、大学院生は博士論文を提出せず引き続き同課程に在籍することとなりました。

翌年度、学生は博士論文を提出しましたが、指導教員は論文の内容を問題にして事務担当者に論文を受理しないように指示し、過年度二年目に、学生は学術雑誌に論文を投稿しましたが、掲載を拒否されてしまいました。

その後、大学院生は自殺してしまい、学生の両親らが大学及び教員に対し、自殺したことについて、教員に指導上の違法があるとして損害賠償の請求をしました。

この判決において、以下のような判断がなされています。

「大学は、学生の教育と研究を目的とする施設であって、その教育目的を達成するために必要な事項について決定する自律的、包括的な権利を有している。なかでも、大学院は、学術の理論及び応用を教授研究し、その深奥をきわめ、又は高度の専門性が求められる職業を担うための深い学識及び卓越した能力を培い、文化の進展に寄与することを目的とするものであり（学校教育法九九条）」大学が「同一の目的の下、専攻分野について研究者として自立して研究活動を行い、又はその他の高度に専門的な業務に従事するに必要な高度の研究能力及びその基礎となる豊かな学識を養うことを目的として、博士課程を設置していること（被告大学通則（以下「本件通則」という。）一条、三条の五）からすると、大学院博士課程における研究指導の内容、研究指導における判断、そして、博士論文の評価については、まさに大学院が専門的、教育的見地から決定すべき問題であって、その適否、当不当につき、直ちに司法審査が及ぶということはできない。このことは、指導教員の研究指導の内容等についても同様であるが、当該指導教員の当該学生に対する行為が、研究指導の枠を越え、嫌がらせ目的など、研究指導以外の目的で行われたものである、若しくは、それに匹敵する重大な過失により行われたものであるといえるような特段の事情がある場合には、当該行為の有無及びその違法性について、例外的に司法審査が及ぶと解するのが相当である。」「博士論文を受理するか否かは、大学院が、指導教員の判断を踏まえて専門的、教育的見地から決定すべき問題であって、その適否、当不当につき、直ちに司法審査が及ぶということはできない。」

として請求を認めませんでした（岡山地判平成二七年五月二六日、D1-Law.com 判例体系）。

論文の評価にあたってアカデミック・ハラスメントに該当するか否かが問題になるケースはある

のですが、教員の裁量の範囲が広いものでもあり、裁量を逸脱した措置といえる場合か否かとの点は慎重に判断されています。この事案は、博士論文の評価などに関する教員の措置については、広く教員の裁量が及ぶものとしてハラスメントに該当しないと判断された例といえます。

3　教員間のハラスメント事案

セクシャル・ハラスメント

①教授から准教授に対する身体的接触等のハラスメント（加害者からの懲戒処分無効請求型）

教授が飲食店内で右隣に座っていた准教授の左太ももに手を置き、准教授が不快感を示したにもかかわらず同様の行為を複数回繰り返したこと、「お前」と呼びかけて年齢や婚姻の有無を尋ねたり、地下鉄車内で准教授の左腕の二の腕をつかもうとしたりした行為について、二カ月の減給処分とされました。

これに対し、減給処分が無効であるとして争われました。

教授の行為は、相手の意に反する性的な言動であり、相手に対して不快な性的言動として受け止められ、不快感、脅威、屈辱感を与えるもので、セクシャル・ハラスメントに該当すると判断され、二カ月の減給処分が相当であると判断されました。

この事例において、准教授が教授の飲食の誘いに応じていること、帰宅の際も同一のルートを通り、別れた後に電車内から教授に感謝のメールを送信するといった行為をしていました。そのため、教授の行為が准教授の意に反する言動であったといえるのかが問題になりました。

この点については、教授の地位にある者に対し、准教授の立場にある被害者が教授の機嫌を損ねることを避け、自己に不利益等が生じないようにしたいと思ってこのような態度をとることはありうることであり、教授の言動に拒否的な態度や不快感を明確に示さなかったからといって、セクシャル・ハラスメント行為がなかったことを推認させるものではない、と判断されています（大阪高判平成二四年二月二八日労判一〇四八号六三頁）。

セクシャル・ハラスメントに該当するか否かが争われるケースにおいて、被害者が迎合的な態度をとっている場合、意に反する態度か否かが問題になることは少なくありません。立場の違い、拒否的な対応をとることによって不利益が生じうる危険性などを踏まえ、性的嫌がらせを受けていても迎合的な対応をとることはありうることですので、そういった態度をもってハラスメント行為を否定していない点は参考になります。

②教授から助手に対するハラスメント行為（加害者からの懲戒処分無効請求型）

教授（学科長の立場にもあった）が、女性の助手に対して行った以下のようなセクシャル・ハラスメント等が問題となって懲戒解雇処分され、懲戒解雇処分の無効を争った案件があります。

・数回にわたって、「バッグを買ってあげるから一緒にお出かけしよう。」「買い物に行きませんか。」などと執拗に買い物に誘った。

・講義中、突然モノマネをするよう指示し、意思に反して学生らの前でモノマネをさせた。

・居酒屋において、食事会が行われた際、女性の助手が同席しているにもかかわらず、他の教授と、「前助教の●さんは、ジョッキーの旦那さんと結婚して退職した。今は、●さんの方が馬乗りになっているのでは。」「騎乗位ってことですか。」などと談笑した。

・資料室において、前屈みになって印刷・製本作業をしていた助手の後ろを通りながら、「お尻を触りたくなる。」と発言した。

・資料室において、数回にわたって、助手及び他の女性教職員に対し、同人らの着衣の素材を尋ねたうえ、「ちょっと触らせて。」と言って、同人らの着衣の肩や腕の辺りを触った。

・講義中、学生らに対し、英語で「96」を「無いねセックス」と発音するよう指導し、学生らにその旨発音させ、その後も、数回にわたって、同様のことをした。

・資料室において、自らの手を助手の腕に伸ばそうとし、助手が「触らないでください。」と言うと、近くのデスク上の箱をバンと大きな音を立てて叩いたうえ、激しい口調で「もう絶対触らないからな。」と怒鳴った。

・資料室において、助手に対し、大学を辞めるのか辞めないのかはっきりさせるよう部屋の外まで聞こえるような大声で怒鳴った。

・学生に対し、映画に誘って、意向を無視して洋服を買い与え、映画館内では手を握った。拒否されたにもかかわらず映画館外に出た後も身体を密着させようとし、また、語学研修の際、意思に反して金銭を渡した。

・特定の女性教職員に対する呼びかけやメールなどで、下の名前で呼び捨て、あるいは様付けで呼び、また「東方三美人」などと呼称した。

本件においては、これらの各行為が事実認定された上で、常習性、女子大学であることから教育機関としての信用を失墜させ、大学法人の経営自体にも大きな悪影響を及ぼすこと等も考え、懲戒解雇は有効であると判断されました（東京高判平成三一年一月二三日判タ一四六〇号九一頁）。

この判決においても、部下の女性が上司の言動にある程度合わせて行動せざるを得ず、上司の言動に合わせているからといってセクハラ・パワハラ的な不快を感じていないと認定することは相当ではないといった判断がなされています。

また、「講義中、学生らに対し、英語で「96」を「無いねセックス」と発音するよう指導し、学生らにその旨発音させ、その後も、数回にわたって、同様のことをした。」との学生に対するアカハラ的行為も問題になりました。この点、第一審判決と控訴審では結論が分かれました。英語の発音の特徴（「t」が脱落すること及び「i」が日本語の「え」に近いこと）を学ばせるために、授業を聴講中の女子学生たちに「96」を「無いねセックス」と繰り返し発声させたとの点について、第一審は通常の指導であって殊更に性的な意味はなく授業としても相当なものであると判断しました。

一方、控訴審では、発音の特徴を指導するにしても、発生練習に適した単語や文章が他にもあるのに殊更に「無いねセックス」を教材として選択して繰り返し発声させたことは、女子学生らに性的な言動を発声させる悪ふざけであるとして、ハラスメントに該当すると判断しています。

授業の内容方法は、教員に裁量が認められていますが、他の代替手段も検討の上でハラスメントに該当しうると判断されている点は、ハラスメント行為該当性を判断する上で参考になります。

パワー・ハラスメント

①教授昇格辞退の強要等（加害者からの懲戒処分無効請求型）

教授と准教授が、他の准教授に対するいじめ、嫌がらせ、教授昇格辞退の強要、ハラスメント隠蔽目的の口止め行為を理由として、教授に対し二カ月の停職処分、准教授に対し一カ月の停職処分とされ、その無効の確認を求めました。教授、准教授と、他の准教授との関係性について検討し、外面的に関係は良好であって、ハラスメントの相手方の深刻な被害感情に思いが及ばなかったことにやむをえない面があり、より軽い処分を経ないまま大きな経済的損失を伴う停職を科したことは社会的相当性を欠き、処分は無効と判断された例がありました（東京地判平成二七年九月二五日労経速二二六〇号一三頁）。

②各種申請に対する拒否（被害者からの損害賠償請求型）

教授が、助手から提出された他大学での兼業承認申請に対し、兼業先の行事予定表を持参しなかったことを理由に押印を拒否しました。行事予定表が兼業承認申請時にはまだ作成されていなかったことを踏まえ、行事予定表の提出にこだわって兼業承認申請への押印を拒否するのは「嫌がらせとみるのが相当」であるとして、この押印を拒否する行為は合理性を欠くとして、一〇万円の慰謝料請求を認めています（大阪高判平成一四年一月二九日労判八三九号九頁、最高裁平成一四年一〇月一〇日労判八三九号五頁）。

4　大学事務職員に関するハラスメント事案

大学事務職員によるハラスメント事例

役員に対する批判的なメール（加害者からの懲戒処分無効請求型）

大学事務局学事部社会貢献グループマネジャーであったXは、平成一五年に大学に入職し、平成二三年頃、他の管理職十数名とともに、大学の創業家一族出身の理事長であったH（当時）による給与の不正支給を指摘して辞任を要求する活動に参加しました。

Hはその後理事長を辞任し、文科省出身のCが理事長に就任しました。Xは、その頃から、他の職員との間で大学のメールシステムを用いて被告の運営に関する意見などについて情報交換をするようになり、その中には大学の役員に対する批判的な内容を含むものもありました。

Xは、本件各メール中で、次の者をそれぞれ、次の用語で表記していました。
（ア）C理事長
「アバレマクル・バカダディ・C」「シディアス卿」
（イ）D常務理事
「かわうそDENSON」
（ウ）A
「ホルモンA」
（エ）E元専務理事
「ヨーダ」
（オ）F事務局長
「功労者F」
（カ）G総務課所属理事秘書
「ヒ素という女」「ガハハ・セアブラーノ・ゴリエッティ」

メールは、一名ないし一八名の大学内部の者に約一カ月という短期間に一一回にわたり送信していました。メールの内容、表現に加え、送信した相手の人数、頻度、期間等の事情を総合すれば、

Xによるメールの送信は、大学の教職員として、担当の業務に専念し、能率発揮に努めるべき義務(就業規則三三条)を怠って被告の規範に違反し(就業規則二九条四号)、これを大学のメールシステム等を用いて行った点で、許可なく職務以外の目的で大学の施設、物品等を使用した(同条六号)という各懲戒事由に該当するとして、Xは出勤停止五日の処分とされ、その処分の無効の確認を求めました。Xは、以前に同様の行為を行ったことにより口頭厳重注意を受けたことがあるにもかかわらず、再度、大学の理事等を批判、揶揄する内容の本件メールを送信したことからすると、Xの上記義務違反の責任は軽いものとはいい難いとして、出勤停止五日の処分は有効と判断されました(東京地判令和二年七月一六日労判一二四八号八二頁)。

現在、業務においてメールでの連絡は一般的ですが、メールでの表現方法、メールの送信回数などに照らし適切さを欠く場合には、懲戒処分の対象となる例といえるかと思います。

大学教員と事務職員間、事務職員間のハラスメント事例

①事務職員間の発言(被害者からの損害賠償請求型)

国立大学法人病院部門の事務職員で、職場内で優位な地位にあった者がした発言がハラスメントに該当するとして、損害賠償請求をしました。

具体的には、

「最低限日常業務くらいはやってもらわないと困る」

「そんなことはどーでもいいから、目の前のことをやったらいいじゃないですか」

「（打ち合わせに出席して休憩をとらなかったことについて）そんな打ち合わせなんかに出る必要ない、いったい何様なんですか」

「（ワーキンググループでの説明について）あんなんじゃ全然ダメに決まってる、クオリティーが低いんですよ」

「なんであんな対応するんですか」

「なんでまめにメールボックスに行かないんですか」

などの発言を問題にしました。

それらの発言は業務との関係で事務職員を指導、叱責するなかで行われたものであること、同指導等を行う必要性に欠ける状況であったとは認められないこと、発言内容は配慮に乏しい面はあったものの、人格非難に及んだり名誉感情を毀損するものであったとはいえないこと、継続的、執拗なものではないとされ、損害賠償請求が否定されました（宇都宮地栃木支判平成三一年三月二八日労判一二一二号四九頁）。

②大学教員と事務職員間の発言（被害者からの損害賠償請求型）

一方、国立大学法人病院部門の事務職員が、同病院診療部門の副部長である病院講師（教員）がした指導や叱責について損害賠償請求をした例においては、賠償が認められています。

具体的には、

「あんたらがやってることはどこかに書いてあるんですか、前々からあなた方ふたりのやり方は気に入らないと思っていた」

「あんたらが余計な事勝手にやってんじゃないかってことが言いたいんですよ、何勝手にやってんの」

「あなた方のやり方は気に入らない」

「お前らのやっていることは、我々教員に対して失礼だ」

という発言については、業務のやり方全般に対して強い非難を加えるものであって、人格非難に類する内容であったとしました。

また、「あんたら」、「お前ら」という呼称、大声を上げるという発言態様も、病院事務室という職場環境に照らして威圧的で不穏当なものであると判断されています。

「勝手にやってんじゃないか(やってんの)」、「我々教員に対して失礼」という発言は、職員と副部長、病院講師であるという、職務上の地位を背景とした見下した発言といった評価もされています。「あなたも診療情報管理士ならそのくらいわかるでしょ、それくらい考えなさいよ」「あなたもこれでも大学病院で仕事している診療情報管理士なら何をどうするか考えくらい持ってないとだめなんじゃないの」といった発言について、業務全般において必要な検討や考察等ができていないと強い非難を加えるもので、人格非難に類する内容であること、発言態様も威圧的で不穏当であったこと、継続的、執拗に行われているとして、社会通念上許容される限度を超えた違法なパワー・ハラスメント行為に当たるものであったとして、損害賠償請求が認められています（宇都宮地栃木支判平成三一年三月二八日労判一二一二号四九頁）。

発言の表現内容、発言されている場面、立場、発言の回数など、個別具体的に状況に照らしてパラー・ハラスメントに該当するか否かについて判断されています。アカデミック・ハラスメントやパワー・ハラスメントに該当しうる言動などを検討する上で参考になります。

5　まとめ

ここまでいくつかの裁判例をみてきました。

重大なハラスメント案件、当事者双方の主張の対立が大きい案件などについて大学内部での調査には限界もありますので、やむを得ず訴訟になる場合はあります。

ただ、裁判になると、当事者の方は詳細にハラスメントに関する事実関係について思い出すことが必要になり、そのこと自体でさらなる精神的負担が生じかねません。また、訴訟が長期化することも少なくないことから、長い間精神的な負担を抱え続けることにもなります。

さらに、事実関係を明らかにするためには、ハラスメントを見聞きした当事者以外の同僚らも含め、当時のことを思い出し精神的負担が生じることや、訴訟に向けた準備のために時間を費やすことにもなりかねず、関係者も含めて多大な負担を強いられることとなります。

そういった点にも鑑みますと、今回ご紹介したハラスメントの例も参照していただきながら、できる限り事前の予防を図ること、また、万が一ハラスメントが発生した場合には、できる限り大学内部にてハラスメントへの対応ができることは、とても大切なことだといえます。

参考文献

井口博、二〇二一、『教育・保育機関におけるハラスメント・いじめ対策の手引―大学・小中高・幼保の現場対応』新日本法規。

菅野和夫、二〇一九、『法律学講座双書　労働法　第十二版』弘文堂。

土田道夫、二〇一六、『労働契約法　第2版』有斐閣。

道幸哲也・加藤智章・國武英生編、二〇一九、『18歳から考えるワークルール　第2版』法律文化社。

水谷英夫、二〇二〇、『第4版　予防・解決　職場のパワハラ　セクハラ　メンタルヘルス―パワハラ防止法とハラスメント防止義務／事業主における措置・対処法と職場復帰まで』日本加除出版。

第五章　北海道大学におけるハラスメント相談の略史

1　北海道大学におけるハラスメント相談室設置の経緯

相談室設置までの試行錯誤

北海道大学ではハラスメント相談室設置まで約一八年間、学内の教職員のみで自主的にハラスメント問題に対応してきました。一九九九年に「セクシュアル・ハラスメント防止等に関する規程の制定について」(文部省高等教育局長通知)を受けて、各大学でセクシャル・ハラスメント対応が検討され、二〇〇四年から五年にかけては、北海道大学を含む「アカデミック・ハラスメント防止等対策のための五大学合同研究協議会」が結成されて、二〇〇四年に「北海道大学ハラスメント防止規程」が策定されました。その後、附則として文言の改定等を十数回なされていますが、基本的には二〇一四年までの十年間ハラスメント対応の体制に変化はなかったのです。

北海道大学におけるハラスメント対応の沿革を年表にしました(表5－1)。

私がハラスメント相談員会議の議長を依頼されたのが二〇一五年です。それまで私はハラスメント相談に関わったことはなかったのですが、その年から学務担当の総長補佐となり、職掌として学生相談室長とハラスメント相談員会議議長、及び特別教育支援室長を兼任することになりました。現在はそれぞれ独立した組織と長を得るようになりましたが、北海道大学が学生支援に徐々に力を

表 5-1　北海道大学におけるハラスメント対応の沿革

1998	学生相談室長の瀧川哲夫教授(当時)が、人事院規則 10-10(セクシュアル・ハラスメントの防止等)に対応し、ハラスメント問題の素案を作成する。
1999	「北海道大学におけるセクシャル・ハラスメントに関する苦情相談を受ける職員の配置に関する規程」制定。「北海道大学セクシャル・ハラスメント防止等対策室規程」制定。
2000	セクシャル・ハラスメント相談員に教職員 15 名が配置され、苦情相談業務と問題解決業務に当たり、相談員会議議長が業務を総括することとする。
2003	「北海道大学におけるセクシャル・ハラスメントの防止等に関する規程」制定。相談員は 25 名に増員され全部局に配置された。学外相談員(非常勤カウンセラー)が配置された。
2004	「国立大学法人北海道大学セクシャル・ハラスメント防止規程」制定。
2007	「国立大学法人北海道大学ハラスメント防止規程」へ改訂。ハラスメント相談員は 25 名から 40 名に増員された。
2015	相談員会議議長に櫻井義秀教授が就任し、相談体制の見直しに着手する。
2016	厚生労務室直属のハラスメント相談室が設置され、2 名の専門相談員が就任する。ハラスメント相談会議議長はハラスメント相談室長に改称し、教職員のハラスメント相談員はハラスメント予防推進員に呼称・役割の変更がなされた。
2018	2 名の専門相談員が交代し、新規の専門相談員が就任。
2020	1 名の専門相談員が交代し、新規の専門相談員が就任。非常勤で複数の弁護士が曜日交代で専門相談員とペアで相談対応を始める。
2021	1 名の専門相談員が新たに就任し、3 名体制となる。

入れていた時代であり、すべてが萌芽的段階でした。

この職務は従前から学務担当総長補佐の職掌となっており、私はカルト関連の相談で約二〇年近く学生相談室運営会議に関わっていましたので、ハラスメント対応に尽力していた歴代の総長補佐（上田一郎名誉教授、大畑昇名誉教授、近久武美名誉教授、横田篤理事、大塚吉則名誉教授）とは会議で同席しており、ハラスメント相談の大変さはよく聞いておりました。しかし、実際には大塚吉則教授から引き継ぎを受けた段階では何をどうやるのかよく理解できず、実際に相談業務を始めてから大変さを思い知った次第です。

苦労話風になり恐縮なのですが、こういう体制が実際あったし、今でも日本の半数以上の大学では教職員だけでハラスメント対応をしている現実をハラスメント相談室がある大学の方にも知っておいていただきたいと思います。学生数と教職員の数を併せても二千人に満たない小規模校では、教職員がハラスメント相談窓口となり、相談と調整を一手に引き受けて苦労しているはずです。数千人規模でも学生相談室がハラスメント相談を兼務し、教職員間のハラスメントについては案件が発生する都度委員会を設置して対応にあたっているのが現状でしょう。現在もこの段階にある大学には、非常勤カウンセラー及び外部の相談窓口と連携してでも、教職員有志の体制を改善していくことをお勧めします。

なぜ相談室の設置が求められるのか、体験的にお話ししましょう。相談員会議議長の仕事は次のようなものでした。

①学部や大学院、研究施設や事務部門ごとに配置されたハラスメント相談員が、自分の部局や他部局に所属する教職員や学生・大学院生から相談を受けます。四〇名の相談員全員の連絡先が公表されており、誰に相談してもよいということになっていたのです。部局の相談員が相談者から連絡を受けた後、相談内容をメモにまとめ、議長の私にメールで知らせます。

②相談員会議議長は、同会議専門委員会委員(労使関係に詳しい文系教員と理系の事情に詳しいベテラン相談員を二名依頼)に相談会議案件として取り上げるかどうかを資料添付などして諮ります。そして、加害者として申立てられた教職員に対する聴き取りを別の部局の教職員に依頼します。相談者と加害者相当の方からの情報が集まったところで調整行為の方針を専門委員と協議して議長が部局長宛の要請文書の作成にあたり、厚生労務室に文書の送付を依頼します。部局ごとに対応された後、相談者と加害者相当とされた対象者(以下、対象者)から調整の方針や結果に関して不服やさらなる相談が持ちかけられることもありました。その場合、議長が直接面談を行いました。これらの業務を事務職員による業務整理なしに、ファイル管理から文書作成、関係者への連絡まで議長がすべて担っていたのですから相当の業務量でした。総長補佐の業務の過半はハラスメント関連に費やされました。

③そこで、私は業務改善として厚生労務室に相談員による面接を行う際に面談室の確保、面談日を対象者に通知すること、相談員会議議長名の通知文書の送付を依頼することにしました。しかし、議長が出張、病気などで大学に来ることができない状況になった時点で、ハラスメント相談員会

議としての活動はストップすることにすぐ気づきました。歴代の総長補佐の先生方は実験か診療にあたる理系の方でしたので基本的に大学にいました。しかし、私はタイや東アジア諸国のフィールドワークをやっていたので、夏や春の学期の合間に海外出張を行っていたのですが、こじれた案件があると行きにくくなりました。

④もう一つ、対応に時間をとられたことに加えて、部局への対応要請だけで解決しなかった案件が蓄積され、相談者や対象者が依頼した弁護士から配達証明付き郵便か、直接電話が来て対応を迫られました。ここには二つほど背景があります。一つは、歴代の相談員会議議長が、原則としてメール上では匿名を通す、直接相談者や対象者には会わない、調整行為は極力部局対応とする、再度の申し立てを受けないという方針だったのに対して、私はハラスメント相談員と相談者、相手方にも相談員会議議長として自身を名乗ること（要請文書にはハラスメント防止等対策室長である副学長名も併記）にしたのです。相談者や対象者が匿名の責任者では誰が最終的にこの文書を作成したのか責任の所在が定かではないという不満をもらしていたので、名を名乗り話し合いにも応じたのです。私自身、カルト問題対応でカルト団体から直接批判の文書を受けたり、訴訟を経験したりしていたことがあったので、大丈夫だろうと高をくくっていたこともあります。もう一つの背景は、歴代の相談員会議議長名で「裁定書」を部局長宛送付していたことです。これが相談者や相手方に示された上で部局内対応がなされていったのですが、特に相手方弁護士から相談員会議の調査体制の手続きと実効性について疑義が出されていました。つまり、「裁定」の

効力に関して弁護士など第三者を交えた、いわゆる事実調査をしていない段階で出せるのかということです。相談員会議では調整文書を作成しているつもりだったのですが、「裁定書」のヘッダーで文書を出してしまっていたのです。この問題に相談員会議として窮しました。

⑤約半年で自身のメンタルヘルス上の限界が見えてきました。毎朝メールチェックをして仕事を始めるのが億劫になり（ハラスメント関連のメールが入っていれば気分が沈み）、ハラスメント対応に時間を割いた後にすぐ自分の仕事に切り替えることができなくなったのです。その頃、ハラスメント相談員会議のメンバーからも相談体制の抜本的改革を求める意見が寄せられていました。相談者、相手方への聴き取りがストレスだと訴える相談員が少なくなかったのです。相談者の中にはカウンセリングを求めてメールや資料などを相談員に寄せ、それが曜日の別なく頻回なために相談者の訴えを受け止めきれないという声や、対象者からの事実確認の聴き取り後が怖いという女性相談員も少なくありませんでした。もはや、相談員会議体制の制度疲労が明らかであり、相談行為における①適正手続（相談者と対象者を含む双方当事者にとっての公平性、透明性の確保、当事者の意見表明の権利）の確保と②相談者の利益保護（相談者の意向の尊重、不利益措置の禁止等）を実現するには、専門相談員が対応する相談室設置としっかりした事実調査を行うハラスメント防止対策室の強化しかないと考えるに至りました。

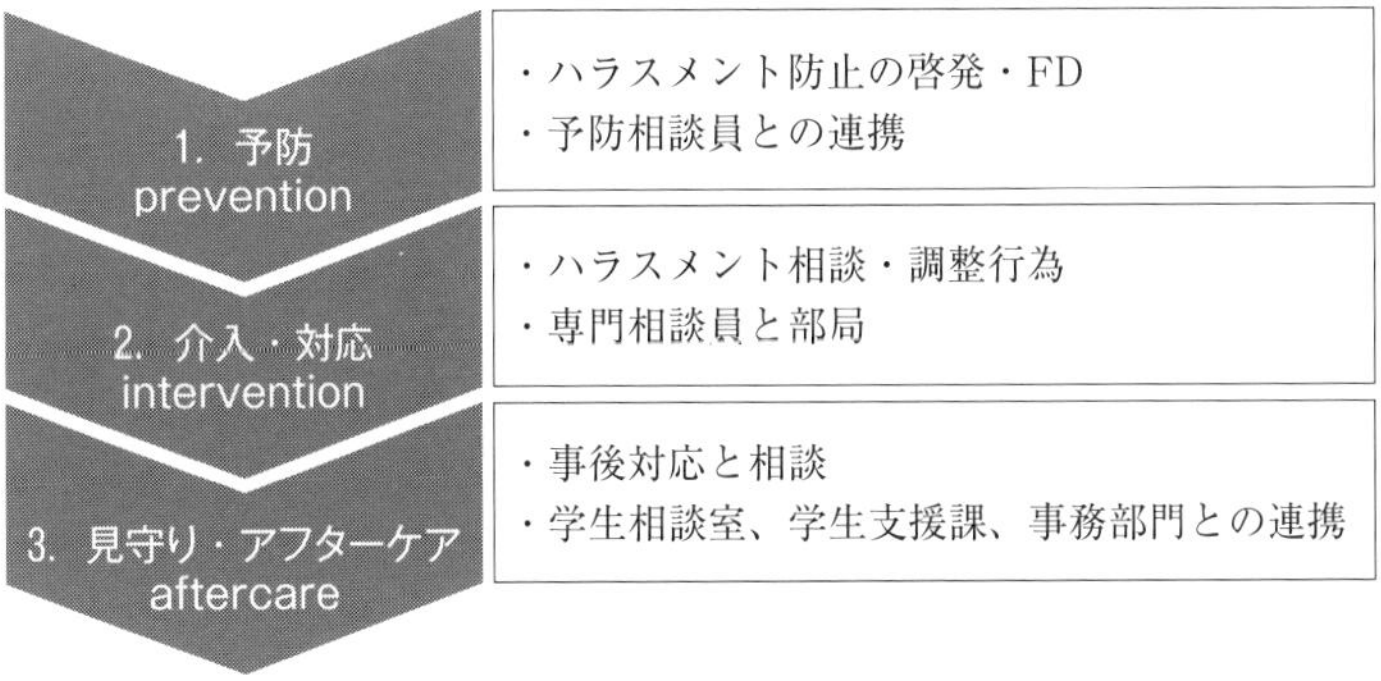

図 5-1　ハラスメント相談の三段階

2　ハラスメント相談室設置の組織的課題

相談室設置の理念

相談室を設置するにしても、学内に設置するか、学外の専門家（弁護士や社会保険労務士など）・民間団体に委嘱するかの選択があります。北海道大学が学内のハラスメント相談員体制を維持してきた理由は、①学内の問題は学内で解決するという自治の理念、②学外の専門家である法律家の多くは法学部を卒業しているために、職場でのハラスメントに精通していてもアカデミック・ハラスメントという特殊な形態や大学院教育、理系の実験室やフィールドワーク型の研究体制をなかなか理解してもらえないということがありました。この点は一〇年経った二〇一五年でも変わらなかったので学内設置が適当と考えたのです。

その際、あらためて学内で行うハラスメント相談の機能を明確化することが必要と考えました。学生相談における三段階の対応（1．予防 prevention、2．介入・対応 intervention、3．見守り・アフターケア aftercare）がハラスメント相談でも重要だということです（図5－1）。

北海道大学における相談体制は、従来2の介入・対応だけで精一杯であり、予防と見守りの発想と余裕が不足していました。そこで、1の予防と3の見守りにも活動を拡大できるように次のような仕組みを構築しました。

①これまでの「ハラスメント相談員」を「ハラスメント〝予防〟推進員」と名称変更し、業務を部局内におけるハラスメント予防のための研修実施責任者とし、相談室と連携してハラスメントFD研修を実施する。

②新設のハラスメント相談室に二名の専門相談員を常勤で配属し、ハラスメントの相談受付、簡易調査（相談者・対象者双方への事実確認）を行い、事案の報告を相談室長に行う。また、ハラスメント予防の研修実施を行う。各種書類の作成・管理は専門相談員の業務とする。

③ハラスメント相談員会議議長はハラスメント相談室長となり、毎月開催されるハラスメント相談室会議において報告を受け、対処方針を確定する。その他、必要に応じて随時相談室長は専門相談員と連携して調整行為他の業務にあたる。

④ハラスメント相談室は学生相談室や保健センターとも連携して、ハラスメント被害者・加害者のその後の状況把握・相談にも対応する。そのために学生相談室と保健センターから代表のカウン

セラーをハラスメント相談室会議の構成員とする。

⑤ハラスメント防止等対策室の役割は、相談室長から受けた深刻な事案について、調査委員会を設置してハラスメントの有無を認定するための事実調査を行い、関係者に係る報告を総長になす。ハラスメント防止等対策室長の理事は、年に数回程度防止等対策室会議を招集し、ハラスメント相談室の活動状況に関して報告を受け、適切なハラスメント防止等対策に関して全学的な立場から監督する。

このような方針に基づいてハラスメント相談室設置の要請文書を私が作成し、学務担当理事に諮り、役員会での審議を経て具体的な組織案、北海道大学ハラスメント防止規程の改訂、専門相談員の採用など半年間で準備を進め、相談室設置にこぎつけました。

ハラスメント相談室は厚生労務室の別室のような形で厚生労務室長が事務的に所轄し、実質的な機能面では総長補佐が相談室長として指揮する体制となったのです。現在は、総長補佐との兼務ではなく、相談室長の職務が独立しています。一般的に大学のハラスメント相談室は学生相談室の室員が兼務するか、ハラスメント相談室を設けるにしても学生相談のカウンセラーが担当する場合が多いと思われます。しかし、北海道大学では、もともとのハラスメント相談に学生相談を超えた労務管理や教職員の人間関係上のトラブルが含まれてきたことから、学生相談とは別立てになったのです。

ハラスメント相談と労務管理

北海道大学のハラスメント相談では、典型例としての〈教職員―学生・大学院生〉の間で生じるセクシャル・ハラスメント、アカデミック・ハラスメントのみならず、職場内で発生するハラスメント事案にも対応しています。その割合は当初から半々でした。後者でハラスメントに係る相談の内容は、職務内容・職務量、施設の利用方法、職員間のコミュニケーションに由来するものが大半です。なかには、無期雇用であるのに有期雇用のようなニュアンスで退職や異動を暗にほのめかされるケースもあり、違法行為の指摘と環境調整が必要でした。職位と管理運営に関するトラブルは、個人の問題ではなく地位や役割に係る職務権限の問題であり、学部・大学院の組織上の問題として対処されるべきものでした。

この種の案件には、北海道大学では厚生労務室が関与して事務組織内で対応するか、理事が部局長に助言して部局内部で対応するやり方が適切であり、ハラスメント相談室は相談者のインテーク業務を行って論点整理と資料をまとめることが主たる業務となりました。これらは調整行為の一環ですが、そこで問題の改善がみられない場合には、事案の深刻度にもよりますが、ハラスメント防止等対策室に対応を任せることになります。

ハラスメント相談と学生支援

もう一つ典型例に入らないパターンとして学生間のハラスメント行為があります。具体的にはサークル活動や研究室における先輩—後輩、同輩同士で発生するセクシャル・ハラスメントやアカデミック・ハラスメントです。なかにはストーカー的行為や盗撮・窃視、殴る・たたくなどの暴力、共同で行う実習や実験におけるいじめや嫌がらせなどが含まれます。相談者の安全確保や教育環境の改善などハラスメント相談員が警察と連携したり、当該学生の所属する部局に対応を依頼したりします。

問題はその後で、相談者の学生や加害者相当の学生のフォローには、所属部局の教員と事務員、学生支援課がかなり関わります。特に加害者と認定された学生には学生委員会において懲戒の決定がなされます。こうした諸点から、アフターケアや学生に対するハラスメント予防のFDなどには、学生支援課が厚生労務室同様積極的に関わった方がよいのではないかという見解もあります。

ただし、ハラスメント相談室会議の構成員を関係する部署全般に拡大していくと、会議内容の守秘性を維持することが難しくなる可能性があり、教職員同士のハラスメント事案については一部の教職員以外はあまり知らない方がよいのではないかと思われる案件もあるので、現行のハラスメント相談室は直接学生支援課との情報の共有は行っておりません。

しかしながら、学生・大学院生がハラスメントの被害者にも加害者にもならないようにするには、ハラスメント予防研修の強化が必要であり、ポスター掲示や現行の新入生オリエンテーション時にスライド二枚程度の注意喚起でよいのかどうか、検討の余地はあります。

3　相談室体制の充実

相談員の業務と管理運営

二〇一六年にハラスメント相談室が設置され、専門相談員による相談業務が始動したのですが、最初の五年間は試行錯誤の連続でした。臨床心理士や認定心理士、精神福祉士、社会福祉士といった認定資格所持者を念頭に専門相談員を採用したのですが、この時点でもハラスメント相談に学識と経験を有する職員を特定専門職員として有期雇用(係長待遇)する条件で採用することは困難でした。カウンセリングと労務相談の経験がある方をそれぞれ男性一名、女性一名で採用し、手探りでかまわないからということで業務にあたってもらいました。

相談室設置後の変化を列挙してみましょう。

①相談員会議の時代は対応件数が年平均二十数件でしたが、二〇一六年その年に九〇件を超える相談件数があり、新型コロナ感染症が拡大する二〇二〇年三月まで毎年相談件数は十数件ずつ増えていきました。北海道大学にはハラスメント相談のニーズがあったのです。教職員によるボランティア対応では相談しづらいという人たちがこれほどいたということです。

②専門相談員による相談記録が一定のフォーマットで残され、いつでも過去の記録を取り出せるようになりました。それまでは相談員会議議長か厚生労務室の担当者が記録を保管していましたが、

検索は記憶に依るところが大でした。経験的に知ってはいましたが、アカデミック・ハラスメントにおいて都度加害者相当とされる特定の方がおり、累積何回目であるかが明確になりました。

③相談室長である私の仕事は三分の一に整理され、対応の方針を相談員と話し、調整行為において重要な役割を担う部局長や事務方管理職との面談に集中することができるようになりました。私はこの時期、学生相談室長と就学支援室長も兼務し、学務担当の総長補佐として学生委員会他、学内の様々な会議に出席していたので、全体としての職務量が減ったわけではなかったのですが、精神的には楽になりました。

④その一方でストレスを抱え始めたのが相談員でした。もとより、ハラスメント相談においては精神的に追い詰められた相談者が深刻な案件を切羽詰まって相談します。相談内容を聴き取るだけでも一苦労なのですが、それを案件として整理するまで細かな作業が続きます。その後に相談員会議か相談室長と協議し、対応方針に沿って関係者との調整行為を進めていくわけですが、必ずしも円満な決着を見るとは限りません。相談者にとっても加害者相当とされる人にとっても十分に納得のいかないところを着地点とせざるを得ないこともあります。つまり、グレーゾーンにおけるアカデミック・ハラスメントが件数としては半数以上になるため、お互いが認識の相違を認め、妥協できる範囲で新たな関係を構築しない限り、決裂した関係の補修は難しいのです。結果的に双方の不満が相談員に集まり、相談員がストレスを抱えることになります。

また、臨床心理の専門家にとってハラスメント相談は勝手の違うところがあるようです。学生相談との比較で言えば、①相談室内で来談者対応をするだけでなく、関係者へ積極的なアウトリーチが求められ、②〈被害―加害〉の構造のなかで調整していく行為が、カウンセラーに多大なストレスを与えるということです。悩む若者や困っている人を心理的に支援する仕事は、支援者の側に余裕のある限り、自分の枠の中で問題が処理できます。ところが、ハラスメント相談では処罰感情を抱えた相談者や、全面的に事実関係を争う加害者相当の人たちが、相当なエネルギーで専門相談員に対応してきます。こうした感情を受け止め、善処の方策を模索すること自体が、通常のカウンセリングの臨床経験の枠に収まらないために、相談員自身が業務上のストレス反応を示すことが出てくるのではないかと思われます。私自身、素人ながらハラスメント相談に数年来かかわってくるうちにいろんな意味で問題や対象者と距離をとることを覚えてきましたが、臨床心理の専門家であってもなかなか難しいことではないかと推察しております。

これまで相談室長として相談員のメンタルヘルスに配慮しながら、問題に巻き込まれすぎないように、と注意を喚起してきました。こうした状況が好転したきっかけとして弁護士に相談業務の一部を担ってもらうことを依頼したことがあげられます。

弁護士の相談員参加

ハラスメント防止等対策室の事実調査では、調査行為の客観性と透明性を担保するべく、弁護士複数名に調査委員会に加わってもらっていました。この段階に進む前に最初の面接から弁護士に相談業務を一部任せる大学はそれほどないと思われます。

そもそものきっかけは、相談者に満足してもらう調整行為がなかなかできないことがありました。大学が相談業務として何ができ、また、大学組織が問題解決のためにどこまでのことができるのかに関して、調整行為が終わった後の説明では納得してもらえないことが多かったのです。

簡単に言えば、相談者が事実と考える事柄とハラスメント相談室が確認しうる事柄、及び加害者相当とされた方が認める事柄との間で齟齬が生じることがほとんどです。こうした状況で相談室ができる調整行為の範囲と相談者が期待する落としどころにはギャップがあります。そこに相談者は驚き、相談室の無能さに憤り、大学の誠意のなさに落胆するわけです。なかには民事訴訟を辞さないと言う方もいます。しかしながら、実際に訴えるためには相応の被害を証明しなければならず、グレーゾーンにあるハラスメントに関してそのことは非常に難しいのです。したがって、相談者に現実的認識を最初の段階で持ってもらった方が、調整行為も進めやすくなるし、その結果にも納得してもらえるのではないかと思われます。

二〇〇〇年にハラスメント相談員が欠員の状態だったときに弁護士の複数の方に支援を依頼し、面談業務に参加してもらったところ相談者にも好評だったことから、現在までこのやり方を継続しています。すなわち、相談の受付は電話やメールで済ませた後、相談者には相談室に来室してもらい、専門相談員と弁護士が二名ペアで面談を行い、支援内容の依頼事項を聴き取っていきます。

このやり方は専門相談員にとっても法律的な相談を弁護士に肩代わりしてもらうことができ、加害者相当とされる人を解雇してもらいたいとか、目の前から消えてもらいたいといった相談者からの期待に対して冷静さを促すことに力があるように思われます。その結果、専門相談員が相談者からプレッシャーをかけられる度合いが軽減されたように思われます。また、相談室として調整行為を行う際、専門相談員だけでなく弁護士も同行することで部局長や関係者が重大な案件として認識する効果もありました。

もちろん、専門相談員だけですべてに対処するよりも多大の経費がかかるやり方ではありますが、思わしい結果を得られない調整行為や相談の結果のために訴訟に発展したり、相談者が精神衛生上のリスクを負ったりするような事態を避けるためには、必要な手当だと考えられます。実のところ、弁護士の方々にとっても法律事務所としてハラスメントの相談を引き受ける上で大学に関わる知識を増やす相談業務は役に立っていると評価されています。法学部や法科大学院で専門的な知識を身につけた方であっても、文系・理系様々な研究領域において実際にどのようなやり方で研究や教育を進め、若手研究者が独り立ちしていくのか、研究資金の獲得や管理方法、大学人のアイデンティティなど微細でかつ多様な様相を見聞する機会は少ないでしょう。大学教員であっても他学部・他研究院のことは知らないのが普通であり、私自身も相談室長として相談案件から学習しているところです。

こうして北海道大学のハラスメント相談室では、二〇二〇年と二一年にそれぞれ専門相談員を一名ずつ新規採用し、専門相談員三名と複数名の弁護士が相談業務に係る体制が構築されてきました。

ここで北海道大学のハラスメント対応略史についての説明を終えることにいたします。

付録　ハラスメント対応の参考書籍紹介

全国学生相談研究会議編（編集代表　杉原保史）、二〇二二、『学生相談カウンセラーと考えるキャンパスの危機管理─効果的な学内研修のために』遠見書房。

大学生が遭遇しうる様々な危機について、どのように対応・介入していくべきか、学内研修にそのまま使えるような形式でまとめ上げられた一冊です。ハラスメントについては第一〇章（教職員向け）、第一一章（教職員向け）、第一三章（学生向け）で触れられていますが、性被害やストーカー被害、自殺や事故、あらゆる危機対応について解説されている他の章も、すべて参考になる内容ばかりです。研修に使えるプレゼンテーションソフトのデータもついています。

井口博、二〇二一、『教育・保育機関におけるハラスメント・いじめ対策の手引─大学・小中高・幼保の現場対応』新日本法規出版。

大学におけるハラスメントについては、第二章で解説されています。ハラスメントといじめの基本知識について解説された第一章も含めて、特に法律的なポイントを押さえた学び方ができる一冊です。

基本構成はQ&A方式で、それぞれに実際の裁判例などを交えた明快な解説がついているので、大変わかりやすく、読みやすい内容です。加えて、巻末資料として裁判例の一覧もついており、参考になります。

山内浩美・葛文綺、二〇二〇、『大学におけるハラスメント対応ガイドブック――問題解決のための防止・相談体制づくり』福村出版。

ハラスメントの防止や相談体制づくりの取り組みに関する考え方を学ぶことができます。なかでも、ハラスメント相談に関する著者らの共同研究結果をまとめた第二章、第三章・第三節、第五章は、大学における相談体制の実際を示す基礎資料として充実しており、参考になります。こうした説得力も相俟って、具体的な模擬事例を用いたハラスメント対応の解説や、インタビュー調査に基づいた〝ハラスメント相談の専門性〟についての解説など、タイトルの通り、ハラスメント対応のガイドとなる一冊だと感じます。

西澤幹雄、二〇一九、『ケーススタディでよくわかる学生とのコミュニケーション――今日からできる！研究指導実践マニュアル』化学同人。

実際に研究指導を行う教員に向けて書かれた、貴重な一冊です。研究指導からトラブルへの発展を防ぐためにはどのような点に注意すればよいのか、どのようなところにハラスメントの危険性が潜んでいるのか、具体的なケースを用いながら、対応のヒントや提言がまとめられています。また、教員―学生間のトラブルの原因となりやすい事項がリスト化されており、教職員向けの研修資料としても参考になります。

弁護士法人飛翔法律事務所編、二〇一八、『改訂2版　キャンパスハラスメント対策ハンドブック』経済産業調査会。

キャンパスハラスメントの基本的な知識をおさえながら、ＳＮＳでのトラブルや、ジェンダーの問題、レイシャルハラスメントといった問題についても触れられており、改訂前よりもさらに網羅的で充実した内容になっています。また、教職員用だけでなく大学運営者用の〝ハラスメント危険度・対策度自己点検用チェックシート〟がついている他、参考資料としてキャンパスハラスメント研修を行う際のコツや、スライド資料のサンプルなどが提示されており、大変助けになる一冊です。

北仲千里・横山美栄子、二〇一七、『アカデミック・ハラスメントの解決―大学の常識を問い直す』寿郎社。

アカデミック・ハラスメントのどこが特別で、なぜ介入や予防が難しいのか、大学という特殊な環境が具体的にイメージできるような表現で解説されている前半は、大学におけるハラスメントを学ぶ際に、特に勉強になります。後半においても、文系出身の読み手にとってはイメージしづらい〝理系〟の特徴や、より実践的なハラスメント対応について具体的に解説されており、実際の相談現場にグッと寄り添った内容に思われ、心強くありがたい一冊です。

杉原保史、二〇一七、『心理カウンセラーと考えるハラスメントの予防と相談――大学における相互尊重のコミュニティづくり』北大路書房。

親しみやすくやさしい文章で、ハラスメント相談のあり方といった心構えの話題から、具体的な相談対応の技術に至るまで言及されています。特に、〝ハラスメント相談でしてはいけないこと〟という切り口で、避けるべき対応を明確に解説してある書籍は他にないように思われ、大変勉強になります。他にも、ハラスメント研修を行うときのポイントや、相談者が精神疾患を抱えている場合の注意点など、実用的な内容が詰まっています。

牟田和恵、二〇一三、『部長、その恋愛はセクハラです!』集英社。

パンフレットやマニュアルの事例にあるような明らかなケースではなく、実際には多くあるグレーゾーンのセクシャル・ハラスメントに焦点を当て、加害者とされた人々の抱く不満や納得のいかなさに理解を示しながらも、ではなぜ、何が、どのように問題なのか、一般書ならではの痛快な表現で解説されています。大学におけるセクシャル・ハラスメント事例にも触れられており、大学関係者にとっても参考になります。特に、セクシャル・ハラスメントの事例に関わって、首をかしげたい気持ちになったことのある読み手にとっては、モヤモヤが頷きに変わるような一冊と言えるかもしれません。

東北大学高等教育開発推進センター編、二〇〇八、『大学における学生相談・ハラスメント相談・キャリア支援―学生相談体制・キャリア支援体制をどう整備・充実させるか』東北大学出版会。

ハラスメントについて書かれているのは、第一章と第三章です。ハラスメント相談だけでなく、同じ大学内の支援機関である学生相談とキャリア支援についても解説されているので、ハラスメント対応を含めた大学全体の学生支援のあり方を、この一冊から学ぶことができます。また、ハラスメントの起きやすい状況について説明した第三章の第二節では、教員と学生がそれぞれの立場から留意しておくべきことについても触れられており、大変参考になります。

おわりに

北海道大学においてハラスメント相談室を立ち上げてから七年が経過しました。当初二人だった専門相談員も三名に増え、弁護士の非常勤相談員にも面談や相談室の運営会議に加わってもらう体制を構築できました。大学の各部局に依頼した予防相談員の方々にもハラスメント予防のための啓発的な研修に関わってもらったり、部局内の関係調整において役割を果たしてもらえたりするような関係も構築できました。しかしながら、ハラスメント相談室の役割や活動実績については、関係者を除いた学内の教職員や学生・大学院生に十分周知されているとは言えません。そこでハラスメント相談室を知って活用してもらうべく、ガイドブックのような書籍を制作することを思い立ちました。構想を立てて会議で検討し、執筆原稿を読み合い、校正作業を経て約二年で完成しました。

専門相談員は臨床心理の専門家ですし、弁護士の方々は裁判を含む法律的な業務の専門家です。室長の私は社会学者ですが、大学社会で三七年間働き、教育・研究、管理運営にも関わってきた現場の人間です。パンフレットの域を超えた専門的知見を加えたハラスメント相談室のガイドブックを作り、約三万人の北海道大学コミュニティ構成員の人々のみならず、国内の高等教育機関においてハラスメント対応にあたっておられる方々や学生・市民の方々にも手にとってもらえるような本作りをしようと考えました。皆様からこの書籍について率直な感想を寄せてもらい、今後のハラスメント相談室の運営に活用させていただきたいと考えております。

本書の制作は北海道大学出版会の武島直美さんに依頼し、手際の良い段取りで計画通りに遅滞なく進めていただきましたし、北海道大学の総務企画部人事課厚生労務室にも書籍刊行にかかる予算面での配慮を頂きました。記して御礼申し上げます。

最後になりますが、僭越ながら、この本がハラスメント対応で日夜苦闘している全国の相談員にも活用していただけることを願っております。

櫻井義秀

執筆者紹介（執筆順）

櫻井義秀（さくらい よしひで）　はじめに、第一章、第五章、おわりに

北海道大学ハラスメント相談室 室長、北海道大学大学院文学研究院・教授。専門：比較宗教社会学。主要著書・論文：『ウェルビーイングの社会学』二〇二二、北海道大学出版会（編著）。『東アジア宗教のかたち―比較宗教社会学への招待』二〇二二、法藏館。『これからの仏教 葬儀レス社会―人生百年の生老病死』二〇二〇、興山舎。『宗教とウェルビーイング―しあわせの宗教社会学』二〇一九、北海道大学出版会（編著）。『カルトからの回復―心のレジリアンス』二〇一五、北海道大学出版会（編著）。『大学のカルト対策』二〇一二、北海道大学出版会（編著）。

佐藤直弘（さとう なおひろ）　第二章

北海道大学ハラスメント相談室 専門相談員。公認心理師・臨床心理士・精神保健福祉士。

木村純一（きむら じゅんいち）　第三章

北海道大学ハラスメント相談室 専門相談員。公認心理師。

上田絵理（うえだ えり）　第四章

北海道大学ハラスメント相談室 専門相談員。弁護士（道央法律事務所）。

柿崎真実子（かきざき　まみこ）　付録
北海道大学ハラスメント相談室 専門相談員。公認心理師・臨床心理士。

北海道大学ハラスメント相談室
https://www.hokudai.ac.jp/jimuk/soumubu/jinjika/sekuhara/index.htm

大学のハラスメント相談室――ハラスメントと向き合うすべての人へ

2023 年 3 月 25 日　第 1 刷発行

著　者　櫻　井　義　秀
　　　　上　田　絵　理
　　　　木　村　純　一
　　　　佐　藤　直　弘
　　　　柿　﨑　真実子

発行者　櫻　井　義　秀

発行所　北海道大学出版会

札幌市北区北 9 条西 8 丁目　北海道大学構内（〒060-0809）
tel. 011(747)2308・fax. 011(736)8605　http://www.hup.gr.jp/

㈱アイワード

ISBN 978-4-8329-3418-4